당신은
어떤 동네에
살고
있습니까

동대문구 사람들의 소소한 삶과 역사

당신은
어떤 동네에
살고
있습니까

시민나루 지음

당신이 사는 동네, 얼마나 아시나요?

동네는 지금의 모습을 하게 된 사연이 있다

'어디 사세요?'

'동대문구 ○○동이요.'

'아… 그 동네… 예전에 판자촌이 많았죠. 아마?'

'……응?'

몇 해 전, 택시기사와 주고받은 짧은 대화다. 강남에서 벗어나는 것이 불만이었던 택시기사분이 긴 한숨과 함께 나에게 건넸던 질문이었다. 나에게 무슨 얘길 하고 싶었던 걸까? 단순한 질문인데, 오만 가지 생각이 다 들었다. '웬 판자촌? 뭔 40~50년 전 얘기? 동대문구에 사는 게 뭔 죄? 나한테 왜 이래? 확 내려? 야근하고 택시 타고 집에 가는 나, 잘못함? 동대문구에 사는 사람은 택시 타면 안 돼? 이런 확 마' 등(물론 입으론 한마디도 안 꺼냈고, 점잖은 한숨만 쉬었다). 요즘엔 택시를 타도 침묵이 트렌드라 이런 짧지만 손님과의 불편한(?) 대화도 과거의 낭만으로 치부할 수 있는 시대지만, 이 나이 지긋한 노년 택시기사의 생각은 명료해 보였다. '집값'으로 동네를 평가하고 있었던 것이다. 그분의 암묵적 평가로는 동대문은 '매우 낮은 계층'에 속해 있는 동네였다. 이 계층의식을 굳이 나에게 상기시켜 주려 한 것이었을까?

사람들은 타인의 부러움과 인정을 먹고 산다. 그래서 지금의 '높은 집값'은 이 부러움의 크기를 결정한다. 몇 년 전 나온, '당신이 사는 곳이 당신을 말해준다'라는 아파트 브랜드 광고 카피도 이런 대중의 세속적 욕망을 여과 없이 표현해주었다. 그 택시기사분의 머릿속 계층구조는 훨씬 더 대중적으로 퍼져 있다는 뜻이다. 그런데 이렇게 가격에만 근거한 가치는 끝없는 악순환만을 경험하게 한다. 가격의 절대치가 없고, '또 다른 집값과의 비교'를 통해서만이 가치를 인정, 평가받기 때문이다. 이 과정은 우리를 불행의 나락으로 떨어뜨릴 수 있다. 타인이 나를 어떻게 생각할지에 대한 걱정은 여러 가지 불필요한 불안감을 불러일으키기 때문이다. 그런데 이처럼 끝없는 상승욕구와 비교불안을 불러일으키는 '집값'에 대한 높은 관심은 사실 자연스럽게 형성된 욕망은 아니다. 정부와 권력기관에 의해 지난 50여 년 동안 '만들어져온 것'일 수 있다.

1970년대 본격적인 강남지역의 부동산개발이 시작된 이후 50여 년 동안 대한민국 부동산 공화국에 살면서 수없이 많은 사람이 정주定住를 하지 못하고 집값을 따라, 학군을 따라, 지하철역을 따라, 회사를 따라 이사를 다녔다. 그리고 아이러니하게도 '물리적 공간으로서의 동네'는 쾌적해지고 있었지만, '따뜻한 동네'에 대한 느낌은 거대한 결핍으로 남았다. 그리고 이 결핍은 부동산이 폭등하는 현재까지도 고스란히 이어지고 있었다.

우리는 이 '비교를 통한 상대적 우월감 쟁취하기'라는 개미지옥에서 탈출하려고 했다. 지난 3년간 우리가 사는 동네의 역사적 정체성을 공부했고, 소소한 사건을 기억하는 사람들을 찾아 인터뷰했고, 오래된 공간과 사라지는 공간에 관한 이야기를 기록했다. 동대문구에 있는 아홉 개 동은 놀라운 동네였다. 조선왕조의 출발과 함께 왕이 친히 농사의 모범을 보인 곳이었고, 그 수고를 백성들과 국밥으로 나누며 하늘에 제례를 올리던 신성한 곳이었고, 동부권 물류와 소비의 중심지였다. 또한 도성의 채소를 안정적으로 공급하던 공급지였으며, 국가의 전략적 중요 관리대상이었던 목마장이 있던 곳이었고, 노동환경이 열악하던 시절 영상 산업에 종사하는 노동자들의 최고의 복지를 제공하던 촬영소가 있던 곳이었다. 동대문구의 현대적 정체성은 바로 이 역사성과 이어져 있다. 동대문구는 '그 택시기사분'이 떠올린 '판자촌'의 이미지보다는 훨씬 더 깊고 넓은 의미와 재미가 담겨있는 공간이었다.

우리가 이 책을 내어놓은 의미는 분명하다. 여기에는 '우리가 몰랐던' 우리 동네가 있고, 우리가 몰랐던 동네의 역사가 있고, 우리가 몰랐던 독특한 인생관이 있다. 이렇게 많은 사람이 수많은 얼굴로 우리 가까이 살고 있었다.

우리는 어떤 대중매체에서도 전하지 않는 우리 동네, 동네 사람들의 '진짜 이야기'를 전달하고 싶었다. 그리고 우리 동네 사람들이 집값이 아니라, 주변의 서로에게 더 관심을 가지고 '서로와 이어져 있음'을 느끼게 하고 싶었다.

우리의 바람은 소박하다. 우리가 서로 이어져 있다는 것. 과거와 현재가 이어져 있다는 것. 그것을 확인하고, 우리 동네가 생각보다 즐겁고 행복한 삶을 즐길 거리와 만날 사람이 많다는 것을 확인하는 것. 이 책이 이 소소한 바람의 시작이 되고 매개가 되길 희망한다.

아홉 개의 '우리 동네' 역사를 취재하고 인터뷰를 정리하면서 달라진 게 있다. 요즘 나는 어느덧 빠른 걸음 대신, 두리번거리며 느릿하게 걷고 있었다. 그리고 잘빠진 대로변 대신 골목골목을 찾아 걷고 있었고, 새 건물보다는 오래된 건물과 공간을 궁금해하고 있다. 새로 생긴 가게가 아니라 오래된 가게에 들어가 주인에게 이런저런 말을 건네고 있는 나를 발견한다. 동네가 흥미롭고, 골목이 즐겁고, 역사가 재미있었다. 감춰진 역사가 있고, 숨겨진 정체성이 있었다. 이제 나는 사람들에게 아파트 값을 묻는 대신 바뀐 질문을 하고 싶다.

'당신은, 어떤 동네에 살고 계시나요?'

2021년 초겨울
마을 플랫폼, 시민나루

p.s. 꼭 전하고픈 마음
3년 동안 〈인터뷰, 마을이음〉을 발행할 수 있도록 도움 주신 서울시마을미디어지원센터 여러분, 책을 잘 홍보할 수 있도록 도움 주신 경희대학교캠퍼스타운조성사업단 여러분, 손익분기를 넘기기 어려울 것을 알면서도 출판해주신 시크릿하우스 여러분, 무엇보다 소소하고 재미난 동네 이야기를 들려주신 동대문구 주민분들께 마음 깊은 감사를 전합니다.

제기동

보물을
품은
상인들의
메카

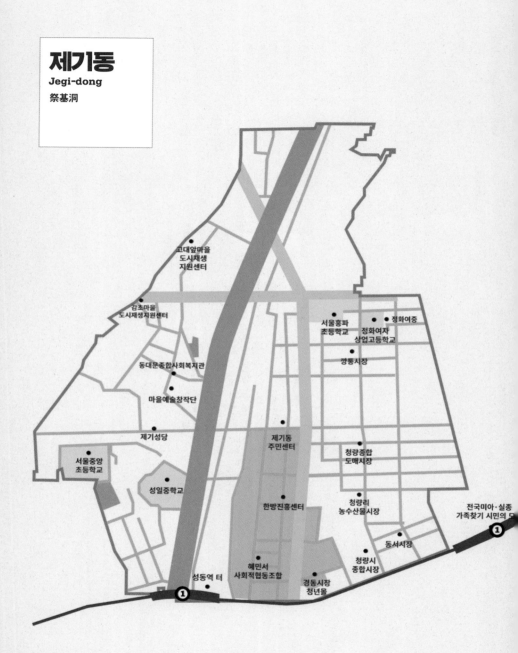

제기동
Jegi-dong
祭基洞

고대앞마을
도시재생
지원센터

감초마을
도시재생지원센터

동대문종합사회복지관

마을예술창작단

제기성당

서울중앙
초등학교

성일중학교

성동역 터

서울홍파
초등학교

정화여중

정화여자
상업고등학교

쌍룡시장

제기동
주민센터

청량종합
도매시장

한방진흥센터

청량리
농수산물시장

혜민서
사회적협동조합

경동시장
청년몰

청량시
종합시장

동서시장

전국미아·실종
가족찾기 시민의 모

제기동 이야기는 선농단에서 시작한다. 선농단은 풍년을 기원하며 임금이 친히 제사를 지낸 곳이다. 이 의례는 조선 태조 이래로 지속되었다. 선농대제라는 이름의 제사는 경칩 뒤 길한 날을 정해 임금이 직접 지낸 제례다. 제례 후 왕이 직접 농사의 시범을 보이는 친경례를 지냈다. 이때 수고한 신하들과 백성들에게 소를 잡아 국밥을 내렸는데, 이를 '선농탕'이라 했으며, 오늘날 '설렁탕'이라 부르게 되었다고 전해진다.

동대문구는 2015년 '선농단 역사문화관'을 개관하여 선농단의 역사와 문화를 알리는 활동을 하고 있다. 이곳을 관리하는 동대문문화재단 김동호 주임은 선농단의 역사와 의미에 대해 하늘과 임금과 백성이 연결되어 지금도 행해지는 거의 유일한 문화유산임을 강조했다.

"선농단의 역사 중 꼭 말하고 싶은 것은 애민사상입니다. 선농대제는 제례 5일 전부터 백성들에 의해 시작되었고, 임금은 제례 후 10여 일을 더 머물렀다고 합니다. 이때, 근처 친경지에서 친경례를 하면서 백성들과 농사를 짓고 같이 나눠 먹는 설렁탕 문화가 생겼고요. 애민문화가 온전히 잘 녹아들어 선농대제가 이뤄졌다고 봐요. 왕이 백성을 사랑하고 백성도 왕과 같이 어울릴 수 있는 문화였어요."

선농대제(출처: 동대문구청)

선농대제는 일제 강점기 직전인 순종 3년(1909)에 사직단으로 위패가 옮겨지고, 선농단 일원이 국유화되면서 제향이 폐지된다. 이후 일제는 선농단이 위치한 곳에 청량대淸凉臺 공원을 조성하고, 경성여자사범학교를 세워 선농제의 역사·문화적 의미를 말살하려 한다. 그렇게 사람들의 기억속에서 사라질 뻔했던 이 제향 행사는 70년이 지난 1979년에 지역주민으로 구성된 '선농단 친목회'의 노력으로 복원된다. 이후 1992년부터는 정부 주관하에 매년 선농대제를 지낸다.

제기동에서 만난 대부분의 사람들이 바로 이 선농단을 지역의 자랑이자 뿌리라고 이야기한다. 이렇게 하늘과 임금과 백성이 맞닿아 있는 선농단에서 제기동 사람들 이야기는 시작된다.

'성동역'이 만들어낸
600년 동네의
현대적 정체성

낭만적 여행을 부르는 말랑한 세 편의 로맨틱 영화. 멕 라이언의 〈프렌치 키스〉, 소피 마르소의 〈유 콜 잇 러브〉, 그리고 줄리 델피가 각본, 감독, 주연까지 한 〈뉴욕에서 온 남자, 파리에서 온 여자〉. 이 세 편의 영화에는 공통의 공간이 하나 등장한다. 뭔가 클래식세련달콤샤랄라한 느낌의 기차역인 파리-리옹역Paris-Gare de Lyon이다. 이 역은 120여 년 전인 1900년, 파리에서 열린 세계엑스포를 맞이해 지어졌다.

고풍스러움과 현대적인 느낌을 동시에 가진 이 기차역은 니스, 보르도, 이탈리아, 스위스 방면으로 나가는 열차의 시발점이기도 하고, 반대로 그쪽에서 들어오는 사람들의 종착역이기도 한, 연간 9천만 명의 사람들이 들고나는 역이다. 프랑스를 배경으로 한 영화에 단골로 등장하는 이 역에는 무려 32개의 플랫폼이 있다(선로 기준으로 서울역은 10여 개밖에 안 된다. 다만 개별 승강장 크기는 서울역보다 작다). 파리의 한복판도 아니고, 외곽에 있는 한 역에 기차가 들고나는 플랫폼이 32개나 필요했던 이유는 무엇이었을까. 그것은 이 역이 '두단식頭端式 승강장' 구조를 가지고 있었기 때문이다.

두단식 승강장이란, 기차의 머리(頭, 머리 두)쪽이 막혀있는(端, 끝 단), 즉 선로가 끊어진 맨 끝 정

파리·리옹역(출처: 위키데이터)

거장(최종 목적지)이란 뜻이다. 들어온 열차는 승객을 하차시키고 잠시 후 다른 승객을 새로 태워 새로운 목적지로 출발한다. 최종 목적지인 이곳에 많은 기차가 머무르려면(지나가는 게 아니라) 당연히 플랫폼이 많아야 하기 때문이다. 이런 독특한 느낌의 기차역이 80여 년 전 동대문구에도 있었다. 바로 '성동역'이다.

성동역이 '두단식 승강장'이었다는 것은
많은 것을 설명해준다

두단식 승강장의 장점은 무엇일까? 분명한 장점은 '유동인구'의 원활한 이동에 있다. 두단식 승강장역 근처에는 육교나 지하도 없이도 역 주변으로 이동이 원활하다. 이동을 위해 철도를 넘나들 필요가 없다는 얘기다. 예를 들어, 무거운 짐을 운반해야 하는 경우 수레 등으로 짐을 운반하는 상황에서 철로가 구역을 나누고 있는 곳은 서로 소통에 어려움이 생길 수밖에 없다. 이 구분선이 없

두단식 승강장(출처: 위키미디어 커먼즈)

는 것이다. 외대앞역의 선로를 생각하면 외대 쪽과 철길 건너편은 상권도 다를
정도로 영역 구분이 되는데 이렇게 공간을 갈라치는 경계선이 없다는 뜻이다.
그래서 통상 두단식 승강장을 갖춘 역은 대체로 상권이 매우 발달한 곳에서나
가능하다. 파리, 런던, 로마, 베이징 같이 도심에 특히 상권이 모여 있는 곳에
이 두단식 승강장역이 있다. 그런데, 흥미롭게도 80여 년 전 성동역이 현재 우
리나라에서는 거의 사라진(현재는 인천역과 여수역 2곳 밖에는 없다) '두단식 승강장
역'이었다는 사실은 여러 가지 의미를 가진다. 핵심은 이곳이 매우 큰 상권이

성동역(출처: 서울스토리)

존재했었다는(또는 기획되었다는) 반증이다. 그리고 이 사실은 제기동의 현대적 기원을 설명하는 중요한 근거가 된다.

1930년대, 조선식산은행 관계자들은 동북권의 삼척 공업지대와 경성부간의 원활한 물류가 필요하며, 여기에 큰 수요가 있다는 것을 발견한다. 곧바로 당시까지 지속적으로 사업화를 꿈꾸던 경춘 철도 기성회와 함께 '경춘철도주식회사'를 설립하고, 이후 몇 명의 조선 자본가들을 끌어들인다. 경춘 철도는 1937년 5월 경성부 성동역과 춘천역을 잇는 93.5킬로미터의 철로 부설에 착수해서 1939년 7월 개통했다고 전해진다[1].

독특하게도 경춘 철도는 개통 이후 단순히 삼척 공업지대의 (강원지역의 댐 공사에 필요한)대규모 물류이동 목적 이외에 강원도를 포함한 지역 개발의 성격을 겸했었다. 그래서 경춘 철도는 철도 운수업만이 아니라, 자동차 운수업, 주택건축업, 임업, 서비스업(유원지, 호텔, 지하철, 백화점)의 다각적 경영을 특징으로 했다는 것이다(그래서 최초의 경춘 철도는 국가 소유의 철도가 아니라 사유 철도로 출범한다)[2].

정리하면, 성동역은 기획부터 운영까지 상당 부분 '상업적으로 대규모 물류, 유통'을 목적으로 기획된 기차역이었다. 그래서 실제로 1960년 6월 4일에 공설시장 형태로 출발한 '경동시장'은 성동역 바로 앞에 만들어졌었다[3]. 성동역이 이미 대규모의 상거래를 염두해두고 기획된 역이었다면, 그 인근(현재는 제기동역 인근)의 대형 시장의 존재는 자연스럽게 그 기원에 대한

성동역터 표지석

설명이 된다. 경동시장, 약령시장을 제외하면, 현재 '청량리'라는 이름으로 시작하는 시장들이 많지만(청량리 도매시장, 청량리 종합시장, 청량리 농수산물시장 등), 행정구역상 이 대형 시장들은 모두 다 예외 없이 '제기동' 소속이고, 60년 이상 된 오래된 시장이기 때문이다. 성동역이 있던 옛날 제기동은 대규모 시장이 모여 있는 상인들의 천국이었다.

제기동역이 '노인들의 홍대'가 된 이유

성동역은 1970년에 서울 도심 개발이 확장되면서 노선이 폐지되고, 그 역할은 제기동역과 청량리역으로 분산되기에 이른다. 성동역이 폐지된 지 50년, 성동역의 전성기를 기억하는 노년세대들은 제기동에 대해 어떤 기억을 갖고 있을까.

성동역은 1939년 7월 20일에 영업을 개시하기 시작해, 1971년까지 존재했었다. 당시 성동역은 경춘선의 시발역이었다. 그러니까, 흔히 '청춘들의 낭만적 추억을 떠올리게 하는 경춘선 열차'의 시작은 청량리역이 아니라, 실은 바로 성동역이었던 것이다.

만약 1960년대에 청춘을 보낸 어르신들(주로 1930~1940년대 생)에게 '서울에서 춘천 가는 청춘열차'의 이미지는 바로 이 성동역에서 출발했을 가능성이 매우 크다. 노년세대에게 '청춘'의 기억은 현재에도 고스란히 이어지는 듯 보인다. 우리나라 수도권 전철역 중 노인 무임승차비율(만65세 이상)이 가장 높은 역 중 하나가, 바로 성동역의 바통을 이어받은 제기동역이었다. 2019년 기준 무임승차 비율이 55.64퍼센트로, 무임승차자가 유임승차자 보다 더 많았다[4]. 그래서 제기동역은 이른바 '노인들의 홍대'로 불리운다[5]. 언론에서는 다양하고, 저렴한 가격의 '노인 전용 즐길 거리(인근의 콜라텍이나 노인 전용 카페 등)'를 꼽지만, 가장 중요한 것은 '몸의 기억'이다. 이 몸의 기억은 불안한 시절이 오면 어김없이 자신의 즐거웠던 기억을 소환한다. 복고의 법칙이다. 가볍게 떠날 수 있는 여행의 출발지였던 역전驛前. 삶은 계란, 사이다와 함께 여행 출발을 준비하며, 친구를 기다리던 설레임의 장소. 저렴한 상품과 풍성한 먹거리가 널려있었던 몸의 기억이, 노년세대를 지금도 여전히 저렴하고 서민적인 즐길 거리가 있는 제기동으로 불러모으고 있는 것이다.

설렁탕의 기원이 된 동네, 원래부터 유서 깊은 동네였다

여러 포털에서 '제기동'이라는 키워드로 이미지를 검색해보면 몇 개의 공통된 단어와 이미지가 나온다. 오래된 구옥들, 재래시장, 도시재생지역, 재개발 등의 이미지다. 여기에 노인들의 홍대라는 이미지까지 있어서 지금의 제기동은 뭔가 오래되고 낙후되었다는 느낌이 강하다. 하지만 제기동은 엄연히 왕이 친히 제사를 올리던 유서 깊은 동네다. 제기祭基는 조선시대 왕이 제사를 지내던 터를 뜻한다(15쪽, 선농단 부분 참고). 왕이 행차하여 제사를 지내던 장소

선농단(출처: 미디어뉴스)

의 기운이 영향을 준 듯, 지금도 제기동역 1번 출구 쪽 선농단공원이 있는 지역의 주택가는 매우 아늑하고 조용하다. 일제 강점기 경성여자사범학교(한국전쟁 후 서울사대)와 고려대학교에 다니던 학생들의 하숙집이 있던 곳도 이 근처였다. 선농단 근처의 제기동은 지척에 있는 재래시장의 왁자함을 뒤로하고 다소 곳하고 아늑한 공부하기 딱 좋은 쾌적함이 있다.

하지만 역사적으로 제기동은 가난의 기억이 많은 동네다. 한때 전태일 가족이 생활했다고 알려진 제기동을 가로지르는 정릉천변에는 판자촌이 즐비했었다[6]. 그래서 한국전쟁 이후 50년대에 전후 '부흥'을 위해 우선적으로 주거를 개선한 곳도 제기동이었다. 제기동은 유서 깊은 구휼의 전통을 가진 곳이기도 했다. 조선시대에 여행자에 대한 무료 숙박과 무의탁 병자에 대한 치료를 담당하던 보제원普濟院이 가까운 곳에 있었다(보제원 표지석은 안암역에 있으나, 보제원터는 현재의 약령시장 안에 있다)[7]. 이런 맥락에서 보면, 경동한약상가가 보제원 근처에 있게 된 것은 우연이 아닌 듯하다.

왕이 직접 하늘에 제사를 지내던 600년 제례의 역사와 현대식 상업적 거래가 시작된 60년 시장의 역사가 공존하는 서민의 거리. 소설 〈운수 좋은 날〉 속 주인공 김첨지의 아내가 마지막으로 먹고 싶어 했던 '설렁탕'의 기원이 되었던 동네. 그리고 그 운수 좋은 날의 작가 현진건이 절필을 하고 가산을 탕진한 뒤 최

●○ **1970년대 부흥주택**(출처: 한국내셔널트러스트) ○● **현재 부흥주택**(출처: 고대신문)

후를 맞았던 동네. 재개발과 도시재생을 꿈꾸는 2020년대의 제기동은 선비들의 유서由緖 깊음과 상인의 왁자함이, 무한한 미래 가능성과 무정한 회한悔恨이 공존하는 동네다.

스스로
행복해지기
위한 일

_ 사회적 협동조합 혜민서 남궁청완 이사장

"스스로 행복해지기 위해 이 일을
합니다. 연고 없이 홀로 돌아가신
분과 행려 사자분을 정성 다해 장례
치러드리고, 한 줌 가루가 되신 분
을 내 손으로 유택동산에 모셔드리
고 돌아오면 등이 후끈해지면서 잔

혜민서 남궁청완 이사장

잔한 울림이 와요. '아, 그래. 잘했어.'라고요." 남궁청완 이사장의 말이 머릿속
에 선명히 남았다.

혜민서는 제기동에 있는 사회적 협동조합이다. 홀로 사는 어르신들의 복지
를 위해서 도시락 밑반찬 나눔과 문화적인 삶의 질 향상, 자기 삶을 정리할 수
있는 엔딩노트 작성, 그리고 무연고 사망자와 행려 사자의 장례를 치른다.

인생을 참으로 이해하면서
화술에도 뛰어난 사람

남궁청완 이사장은 능변이었다. 또 열정적이고 확신에 차 있었다. 그는 노인복지와 죽은 자의 인권까지 돌보는 일상을 넘어, 시신 기증까지 결정해 놓은 상태다. 나눔으로 점철된 그의 삶의 태도에 숙연해진다. 타인의 고통에 대한 이해와 그 어려움을 함께 나누는 삶은 어떻게 시작하고 지속할 수 있게 되었을까?

그가 제기동에 오게 된 것은 1980년대다. 종로에서 피아노사를 운영하던 그는 형님의 권유로 한약업을 시작하게 된다. 그리고 18년 동안 약령시 협회 일을 하면서 약령시 한방문화축제를 처음 도입했고, 전선과 전봇대를 지하로 매설하여 없애는 지중화 사업, 약령시 상징문 등 약령시의 골간을 만들어냈다. 신용협동조합에서 협동조합 운동을 시작하고, JC라이온스 같은 NGO 단체에서 봉사활동을 꾸준히 한다. 협동조합인답게 사회적 협동조합 '혜민서'를 설립하여 지역 어르신들을 위한 활동과 제기동 역사를 알리는 일도 함께 하고 있다. 마라톤 풀코스를 46번이나 완주한 러너이기도 하다. 그가 살아온 생생한 이야기를 들으며 오래된 갈증을 풀 수 있었다. 그 갈증은 책이나 머릿속 이론이 아닌, 살아내어 체득한 이야기를 해줄 수 있는 어른을 만나고 싶다는 갈증이었다.

Q. 지난 5년간 혜민서 활동을 하면서 어떤 변화를 눈으로 확인하셨는지 궁금합니다.

눈으로 확인할 수 있는 변화는 없어요. 수치로 나오는 것도 없어요. 협동조합

●○ 작은 마을 장례식   ○● 엔딩노트 강좌를 함께한 분들

운동은 수치가 아닙니다. 가치죠. 우리가 동대문구에 계시는 어른들을 찾아 내고 그 마지막에 문화적인 삶의 질을 향상시켜드리는 일을 하고 싶어서 예순아홉 분의 부모님을 모시고 있어요. 엔딩노트 작성 사업도 존엄하게 살다 가 존엄하게 내 문제를 마무리하려고 하는 거예요.

혹시 한 번 생각해보셨나요? 사전장례식. 동부시립병원에서 김○○ 어르신이 사전장례식을 했어요. 자기 이름으로 직접 부고를 다 냈습니다. 단, 조건이 있었죠. 나를 만나거든 울지 마라. 검정 옷 대신에 화려한 옷을 입고 와라. 죽기 전에 나와 하고 싶은 이야기하고, 나와 같이 저녁 한 끼 하자. 그렇게 사전장례식을 치르고 2개월 만에 돌아가셨어요. 사후 결정권을 행사하신 거지요. 불필요한 연명치료를 거부할 수도 있고요. 나아가 시신 기부를 한다든지. 사후에 나를 어떻게 하라는 사후 결정권을 행사하는 일을 우리는 '아모르 파티'라고 이름 붙였어요.

Q. 혜민서 활동은 이제 SNS상으로만 봐도 그 가치가 눈에 띕니다. 그런 부분에서 뒤따라오는 협동조합에 어떤 조언을 해주실 수 있을까요?

협동조합이 좋은 일이긴 하지만 너무 리더 위주라면 성공하지 못 합니다. 그래서 협동조합 선구자들은 이렇게 강조합니다. 첫 번째도 교육, 두 번째도 교육. 그리고 민주적인 토론 절차를 통해 부지런히 가꾸고 만들어나가는 거죠. 저희 혜민서의 수혜자에서 봉사자로 전환된 두 분이 있어요. 이분들의 삶이 바뀌었어요. 자포자기했던 분이 함께 나누고 봉사하는 분으로요.

Q. 그래도 일을 하다 보면 사람에 대해 여러 가지 안 좋은 면들도 보게 되고 문제들도 생기곤 할 텐데요. 사람들이 모이는 곳이니까요. 그럴 때 개인적인 상처를 받지 않는지, 어떻게 극복을 하는지 알고 싶습니다.

저처럼 협동조합을 이끄시는 분들과 만나면 가장 크게 공감하는 것이 '아, 얼마나 힘드십니까'예요. 내가 힘들지 않으면 그분들이 힘들 거라는 걸 몰라요. 모든 일에 사람이 가장 큰 문제입니다. 제일 상처를 많이 주는 사람이 가장 가까운 동료이고 동지예요. 같이 협동조합을 이끌어 가시는 분들이 방긋방긋 웃는다고 '아 저 사람 아무 걱정 없겠구나' 이렇게 생각하지 않습니다. '아 저 사람도 속이 썩어 문드러질 텐데도 날 보며 웃어주는구나' 하는 거죠. 그 문제를 해결하는 방법도 교육 또 교육, 그리고 토론밖에 없어요. 그런데도 사람들이 속을 썩이죠. 그럴 때는 어제 장례를 모셨던 분을 떠올립니다. 그분은 하나님 품에 잘 도착했을까. 그분이 위에서 나를 보실 거 아니에요. 그리고 이렇게 말씀해주시죠. "자네 덕분에 한 많고 질곡 많은 삶을 잘 마무리했네. 고마워." 라고 말이죠.

남궁청완 이사장은 누구도 돌아보지 않는 고인의 삶을 돌아보고, 추모하고, 명복을 빌며 인간으로서 마지막 예를 갖춰 올린다. 선농단이 있는 제기동이기

때문일까. 하늘에 예를 올리고 백성과 설렁탕을 나누던 임금의 마음이 이어져
온 것 같다.

건강과
힐링의
공간

_ 서울약령시 & 서울한방진흥센터

제기역 2번 출구로 나와 밀집한 상점들을 따라 걸으면 '서울약령시' 현판을 건 전통미를 담은 커다란 문을 만난다. 약령중앙로라는 길을 따라 들어가니 옆으로 뻗은 골목까지 한약 냄새가 가득하고 크고 작은 한약재 상가들이

서울한방진흥센터

끊임없이 이어진다. 이 오래된 한약 상가들 사이에 2017년 설립된 서울한방진흥센터가 있다.

한방복합문화센터를 만들다

"이곳은 서울약령시의 공영주차장을 만들면서 편의시설을 건립하려고 했는데, 한방산업 활성화를 위해 복합문화센터를 만들게 되었습니다. 한의약박물관이 이곳으로 이전하면서 운영 주체가 동대문구로 바뀌었어요".

서보영 주무관의 말이다. 밖에서 시장의 모습을 보다가 안쪽으로 들어오면 웅장하고 아름다운 한옥이 보인다. 시장 안에 있어서 눈에 잘 띄지 않지만, 2018년 국토대전에서 전국에서 가장 아름다운 건물에 주는 대통령상을 받았다. 마치 경주에 와있는 것 같은 낯선 웅장함으로 첫인상이 시작되지만, 몰랐던 한의학 역사 그리고 어디선가 본 것 같은 한방재료들, 또 다양한 한방 체험을 경험하면 이제야 알게 된 것이 누군가는 억울할지도 모르겠다.

전통의상 체험실 서울약령시 전시회

한방진흥센터 1층에서는 보제원과 약령시의 역사를 만날 수 있다. 체험장과 기념품 상점이 있는데, 상시적으로 대장금 드라마에서 본 듯한 내의원 사람들이 입었던 것과 비슷한 전통의상체험을 할 수 있다. 2층으로 올라가면 한의약 박물관(한의약 의서와 의약 기기의 유물 → 한의약 약재 전시 → 약초마을 → 음식궁합과 한방차 레시피 →약초 향주머니 체험)이 있고, 밖에는 힐링 족욕체험과 약초 텃밭이 있다. 3층에는 약선요리 체험관, 보제원 한방이동진료실과 한방체험실이 있다. 한방진흥센터 입구에 있는 한방카페(연잎밥과 전통차와 다양한 음료)를 보태면 가히 '한방 멀티플렉스관'이라 할만하다.

개관 준비 때부터 현재까지 활동하는 서보영 주무관은 이곳에서 일하면서 느끼는 가장 큰 보람으로 센터의 성장을 꼽았다. 개인적 보람도 다르지 않았다. "개인적인 보람은 일반 회사에서 경험하지 못한 한방이라는 특수

●○ 전통의상 체험실　○● 서울약령시 전시회

한 분야라는 것과, 시장 안에서 힘들지만 해내고 있다는 점이죠. 스스로 성장하고 있다는 것을 느껴요. 관공서 경력은 없어서 틀도 모르고 헤매었는데, 성장이 빠르다고 센터장님께 칭찬을 들었습니다. 오히려 저는 말도 느리고, 생각도 느리고 적응도 느린 사람인데…." 도전에 두려움을 느끼는 성격임에도, 여기서 늘 새로운 과제에 도전하는 자신의 모습을 본다는 그녀는 센터와 개인의 성장을 따로 생각하지 않는 것 같다. 그래서인지 이곳에 오면 늘 그녀를 만날 수 있을 것만 같다.

한의학 박물관,
자세히 보면 재미있다

한의학 박물관은 의외의 재미를 준다. 생소한 전통한의약재의 역사를 고스란히 담고 있는 공간이기 때문이다. 윤성준 학예연구사에 따르면 이곳은 한의학의 역사를 보관하고 있는 장소였다.

●◦ 은제육각십장생 침통 ◦● 윤성준 학예연구사와 한의학 박물관에서

"한의학 서적과 서류, 전통 의약 기구, 자료의 유물과 약재들이 전시되어 있습니다. 유물은 주로 기증유물과 구청에서 공고하여 구매합니다. 서울약령시 상인과 협회의 여러 기증자가 기증한 유물과 자료로 전통한의약 역사를 알 수 있습니다. 저것은 은제 침통인데 침통 육면에 소나무와 대나무, 사슴, 학 등 건강과 장수의 문양이 새겨져 있습니다. 작은 침통들의 그림을 확대한 작품들도 여럿 있습니다. 1963년 당시 약사국가시험 합격증서와 한약업사 시험문제, 대한민국 최초의 의학잡지 등 서류들도 한의학 역사 유물입니다."

큰 전염병으로 많은 이들이 고통받고 있는 요즘, 한방진흥센터는 시민들이 자신의 건강을 보살피며 심신의 안정을 찾도록 돕는 기관이라는 생각이 든다. 과거 크게 유행했던 신종플루 치료제의 주원료가 한방재료인 팔각이었다고 하는데, 센터는 면역력 강화와 증진을 위한 프로그램과 약선음식을 통해 시민들이 건강을 스스로 지킬 수 있도록 지원하고 있다. 또한 이 시기를 슬기롭게 극복할 수 있는 대안을 제시하고 있다.

▶ 서울한방진흥센터
· **관람 시간:** 3월~10월 – 오전 10시~오후 6시(입장 오후 5시까지)
　　　　　　 11월~2월 – 오전 10시~오후 5시(입장 오후 4시까지)
· **휴관일:** 1월 1일, 설날, 추석
　　　　　 매주 월요일(단, 월요일이 공휴일인 경우 그 다음날을 휴관일로 함)
· **안내 전화:** 02-969-9241

두 번째
이음

회기동

속사포의
후예들과
골목의
역사

회기동
Hoegi-dong
回基洞

천장산

경희대학교

경희초   경희여중고

연화사

경희대치과병원

카이스트 교수아파트   경희의료원

서울바이오허브

청량초

회기동주민센터

회기힐스테이트아파트

신현대아파트

삼육초

22만 9천 평의 회기동, 그 절반에 가까운 11만 2천 평의 경희대. 그 면적의 비중만큼이나 회기동 편에서 경희대를 빼놓고 이야기하기는 어렵다. 하지만, 회기동 사람들은 경희대가 회기동의 모든 것인 양 이야기하는 것에 대해 불만이 있었다. 경희대를 빼놓고 보면, 회기동은 인근 동대문구의 다른 지역에 비교해 현저하게 작아서 전면적으로 보수하고 개발하기가 쉽지 않았고, 그만큼 덜 발달되었다는 인식이 있었기 때문이다. 그래서 회기동은 다른 지역에 비해 오래된 골목이 매우 많았다. 그러나 역설적으로 대규모의 개발 역사가 없었기 때문에, 골목의 아기자기함이 잘 보전되어 있었다. 썰렁한 골목의 한구석에 현대적인 인테리어의 카페가 있었고, 곳곳에 알록달록한 벽화가 있었다. 커피 전문점 스타벅스와 전통 찻집 녹원이 이웃하고 있었고, 모던한 분위기의 칵테일 바와 잘 익은 동동주가 맛난 도읍지가 공존한다. 영화 〈암살〉 덕분에 재발견한 경희대 또한 대한민국의 역사적 영웅들과 글로벌한 미래를 꿈꾸는 후배들의 이야기를 품고 있었다. 동대문구의 회기동은 '속사포(영화 〈암살〉의 조진웅 역)'의 후배들과 골목의 역사가 공존하는 그런 곳이었다.

속사포의 후예들
'경희대' 이야기

외국인들이 많이 거주하는 지역은 어딜까. 이태원이나 한남동이 있는 용산구? 땡. 통계상으로는 영등포구(34,076명), 구로구(33,102명), 금천구(19,497명) 순이다. 그런데 여기서 통계의 수치를 살짝 보정하면 좀 다른 게 보인다. 각 지역별로 '한국계 중국인'의 숫자를 빼면 외국인의 수치는 우리의 상식에 맞게 재배열된다. 한국계 중국인의 수를 뺀 외국인 거주지역 1순위는 용산구가 맞다 (14,899명). 그런데 2순위가 의외의 지역이다. 바로 동대문구다(14,533명). 2019년 9월 30일 기준 동대문구에 거주하는 외국인 수는 17,228명으로 용산구 전체 외국인 수 16,159명 보다 1,069명 많다[8]. 이유는 바로 이곳에 위치한 대학들 때문이다. 동대문구에 거주하는 외국인들은 용산구에 거주하는 외국인들에 비해 압도적으로 '20대'가 많았다(동대문구에 거주하는 외국인 중 20대 비율은 61.4퍼센트 vs 용산구에 거주하는 외국인 중 20대 비율은 20.1퍼센트). 그리고 그 이유는 콕 집어 한국외대 때문이라기보다는 '경희대'의 영향을 가장 많이 받았을 가능성이 크다. 2019년 외국인 유학생 수 기준 경희대는 한국외대(2,666명)보다 외국인 유학생 수가 2,000여명이나 더 많은 학교였기 때문이다(경희대 외국인 유학생 수 4,727명).

동대문구의 외국인 수 증가에 결정적으로 영향을 주는 학교, 회기동 면적의 절반을 차지하는 회기동의 랜드마크, 경희대가 궁금했다. 회기동은 경희대를 빼면 앙꼬없는 찐빵이기 때문이다. 그래서 경희대의 과거, 현재, 미래를 다 알고 있을 만한 사람을 만났다. 경희대 총민주동문회 김재운 회장이다.

경희대는 70년이 아니라,
108년 된 학교다

경희대 총민주동문회(이하, '민동') 김재운 회장의 일상은 바빴다. 그 바쁨의 핵심에 3.1위원회(3.1운동 및 대한민국임시정부 수립 100주년 기념사업추진위원회)에서의 활동이 있었다. 2019년은 3.1운동 100주년이 되는 해였다. 김재운 회장은 이 기념사업회에 참여해서 일을 하고 있었다. 3.1위원회는 1919년의 3.1운동이 하나의 역사적 사건으로의 차원을 넘어, 임시정부 이후의 민주공화정이 만들어지는 결정적 계기가 되는 사건으로 규정한다. 그리고 그 이후 대한민국 100년을 전반적으로 다룬다. 그래서 정치,

경희대 총민주동문회 김재운 회장

경제, 사회, 문화적으로 전방위적인 사료를 정리하고 분석한다. 이 위원회에 참여하면서 김재운 회장은 자연스럽게 역사문제에 대한 관심을 더 구체적이고 깊이 갖게 되었다고 한다. 그리고 이런 역사적인 문제의식과 지식의 확장은 자연스럽게 자신의 모교인 경희대학교의 역사에 대한 관심으로 이어졌다.

2019년은 경희대학교가 개교 70주년(1949년 5월 18일 개교)이 되는 해이기도 하다. 하지만 김재운 회장은 실제 경희대학교의 개교는 훨씬 더 오래되었다고 말한다. "경희대의 정신적 뿌리인 신흥대학, 신흥무관학교까지를 생각하면 실제로는 108주년이 맞거든요."

사실일까. 비슷한 궁금증을 가진 언론사가 이미 있었다. 2016년 6월 3일자 한겨레신문[9]을 보면, 경희대가 신흥무관학교를 이어받은 것은 명백한 팩트인 것으로 보인다. 경희대학교 홈페이지에 보면, '경희대학교'라는 명칭은 1960년 3월에 등장한다. 반면 1949년 5월에 신흥초급대학(2년제)설립을 인가 받은 것으로 나온다. 이때를 경희대학교의 개교로 정하고 있는 것으로 보아 학교 스스로도 '신흥'의 정신을 물려받은 것으로 밝히고 있는 것이다(당시 재단은 독립운동가 이시영 선생이 이사장으로 있었던 성재학원이었고, 이시영 선생은 대한민국 초대 부통령, 독립운동가 이회영 선생의 다섯 번째 형제다).

신흥무관학교는 1911년 6월 10일, 독립군 양성을 목표로 해서 우당 이회영 선생과 그 형제들이 만주 서간도에 설립한 학교다. 독립운동가들의 요람이자 민족교육의 산실로 3,500여 명의 기라성같은 독립운동가와 애국지사를 배출한 엄청난 명문학교다. 창학연도를 기준으로 하면 2019년 현재 108년의 전통을 자랑하는 학교이기도 하다. 이 엄청난 명문학교는 2015년 1,200만 명이 관람한 〈암살〉이라는 영화 덕분에 더욱 유명해졌다. 영화에 등장하는 배우 조진웅(속사포)이 자신을 이른바 엘리트라고 우쭐대는 차원에서 '신흥무관학교 출신'이라며 강조해서 소개했기 때문이다. 이런 관점에서 보면, 경희대 출신들은 '속사포의 후배들'인 셈이다. 이쯤에서 자연스럽게 궁금증이 생긴다. 왜 경희대학교는 그동안 이 훌륭한 역사를 전면에 내세우지 않고 있었을까.

경희대의 전신 신흥대학교 표지판(출처: 회기동주민자치회)

'신흥'이라는 이름을 지우고 싶었던 이유

그 비밀의 단서는 김재운 회장의 이야기 속에서 찾을 수 있었다.

"해방정국에서 교육기관을 갖는다는 것은 의지만 갖고는 안 되는 것이거든요. 돈도 필요하고 행정에서 적극적인 지원도 필요하고요. 그런데 독립운동한 사람들 중 돈 있는 사람들이 없어요. (중략) 이런 과정에서 자유당의 유력정치인들을 영입했단 말이에요. 그런데 이 분들이 어떤 분들이냐면 권력도 있고 돈도 있는 분들이었죠. 그때까지 권력을 갖고 있고, 돈을 갖고 있다는 거는 친일을 해서 살 수 밖에 없었던 거죠. (중략) 그러다보니까 친일한 부끄러움을 갖고 있을 텐데, '신흥'은 자기를 몰아내기 위해서 싸웠던 이름이라… 신흥이라는 이름을 지우고 싶었겠죠. 경희대의 전신이 신흥이었다는 것은 부정할 수는 없어요. 사실이 아닌 건 아니니까."

실제로 학교 초기에 조영식 이사장에 의해 이사로 영입된 이익흥과 조경규는 당시 자유당의 유력한 정치인이었다. 이익흥은 일본큐슈제국대학에서 공부하고 경찰청장과 서울시경국장, 경기도지사, 내무부장관 등을 거친 자유당의 거

물급 정치인이었다. 조경규는 교토대학에서 공부하고, 3, 4대 국회의원과 원내총무를 거친 자유당의 유력 정치인이었다[10]. 초기 경희대학교 이사진의 '출신성분'과 '신흥'이라는 이름은 공존하기에 너무 큰 역사적 경험의 괴리가 있었던 것이다.

　조영식 이사장(총장)은 어떤 사람이었을까. "상당히 유능한 사람은 맞는 거 같아요. 젊었을 때 그 판에 뛰어들어서 학교를 맡겠다고 한 것 자체도 대단히 추진력은 있었던 사람인 걸로 보여집니다. 현재 경희대까지 발전시키는데 조영식 총장의 능력과 리더십은 결정적이라고 보거든요." 그렇다면, 왜 처음부터 신흥이라는 이름을 바꾸지 않았을까. 김재운 회장에 따르면 학교 설립초기부터 내적 갈등은 있었던 것으로 보인다. "인수하면서 아예 이름을 바꿀 수 있었을 텐데, 신흥이라는 가치는 쉽게 놓지 못한 것 같아요. 결정적으로 초기에 친일 관계자의 돈만으로 발전시킬 수 있냐 아니면 학교 이름으로 발전시킬 수 있냐, 양면이 다 있지 않았을까? 라고 보는 거죠." 이런 70년의 내적 갈등은 이제 해결해야 하지 않을까.

'신흥'의 연혁 복원, 그리고
동대문구와 경희대가 함께 하는 미래

김재운 회장은 지금이 신흥의 역사를 경희대의 연혁에 복원할 수 있을 절묘한 기회라고 판단하는 듯하다.

"우리 학교 출신 문재인 대통령이 중요한 계기에 연설에서 신흥무관학교의 가치에 대해 얘기를 하시는 거예요. 학교에 신흥무관학교 출신의 동상을 세우기도 하고…. 학교에서도 연혁을 복원하는 것에 부담을 많이 줄였기 때문에, 또 대중적으로 인식이 확장되었기 때문에 조만간에 계기점을 마련하지 않을까 싶습니다. 신흥무관학교 설립된 지 110주년이 되는 해가 2021년인데, 그때쯤이면 결과물이 나오지 않을까 싶습니다."

경희대에는 이런 흥미로운 역사 이외에도 독특한 교육과정이 있다. 2011년 3월, 기존의 교양학부를 인문학 중심교육과정으로 전면 개편한 '후마니타스 칼리지'라는 교육과정이다. 2019년 초 기존의 인문학 교육 커리큘럼을 구조조정하면서 논란이 진행 중이지만[11], 2011년 이후의 교육과정은 다른 대학과 완벽히 차별화된 과정이었다. 왜냐하면, 2011년에 다른 대학들은 '기업형 인간'을 만드는 데 더 열중하고 있었던 시기였기 때문이다[12]. 김재운 회장은 후마니타스 칼리지가 지역사회와 연결고리가 있는 커리큘럼을 운영한다고 생각하고 있었다.

"후마니타스 수업을 들으면 실천을 해야 되요. 실제로 학생들이 지역에 관심을 두고 연결된 프로그램을 하는 것도 있고, 또 경희대 출신들이 모여서 지역경제 창업 프로그램들을 하거든요."

여기서 더 나아가 김재운 회장은 경희대가 장기적으로 지역사회의 평생교육

플랫폼 같은 역할을 해야 한다고 생각하는 듯했다. 예를 들면 경희대가 가지고 있는 핵심 자원은 '공간'과 '교수 역량'이고, 이 두 가지 자원을 지역사회를 위해서 적극적으로 개방하고 활용할 수 있도록 해야 한다는 것이다. 지역주민들은 약간의 이용료를 내고, 경희대의 공간을 이용해서 자기개발과 토론 및 학습을 하고, 인근의 인문학 강좌가 필요한 곳에는 경희대가 플랫폼이 되어야 한다는 것이다.

김재운 회장의 이 주장은, 대학 입학생의 절대 지원자 수가 현저하게 줄어드는 2021년 이후 대학의 지속가능성에 대한 우려를 제기하는 측면에서 보면, 훌륭한 대안이 될 수도 있다는 생각이 들었다. 대학이 '어린 입학생'들만을 위한 입학생 장사를 하는 것이 아니라, '지역주민들의 배움과 토론이 있는 평생학습의 장'으로 재탄생하자는 것이다.

김재운 회장의 상상은 여기서 더 나아가, 앞서 언급한 '외국의 유학생 수'가 가장 많은 지역적 특성을 살려서 이국적인 골목, 광장 문화가 있는 회기동을 꿈꾸고 있었다.

"외국에는 대표적인 게 광장 문화라는 게 있어요. 근데 이쪽에는 그런 게 없어요. 광장을 만들어 놓고 그 주변으로 쭈욱… 이 집은 이태리 음식, 프랑스 음식, 중국 음식…. 이런 것들이 되면 손님들이 일부러라도 찾아올 거예요. 그리고 여기에도 영화관 같은 게 하나 생기면 여기는 자막 없는 외국영화를 틀어줘도 되고요. 경희대 앞에 가면 영어만 쓰면서 지내볼 수 있다던지요. 이런 인식들이 점진적으로 조성될 필요가 있는 거죠."

내가 알고 있던 경희대가 다르게 보이기 시작했다. 경희대는 대한민국의 중요한 역사를 품고 있는 학교였고, 대학의 본질을 인문학적 가치로 찾아보려 애쓰는 학교였고, 지역사회와 함께 뭔가 해보려는 구성원들이 많은 학교였다. 그리고 이 모든 인식은 2015년 7월 〈암살〉이라는 영화가 개봉된 이후 급격하게 확산된 것 같다. 2015년, 이 강렬한 영화를 1,200만 명이나 되는 사람들이 보며, '신흥무관학교'를 검색했고 그 결과 사람들은 경희대를 '다시 찾아낸' 것이다.

인터뷰를 마치면서 두 가지 교훈을 얻었다. 역사는 '현재의 유력자'가 감추고 싶은 방향대로 감춰질 수 없다는 것. 그리고 역사는 현재 대중들의 관심에 의해 재구성되고, 재발견된다는 사실이다.

(＊이 인터뷰는 2019년 8월에 진행한 인터뷰이다.)

회기동
어디까지
가봤니?

연산군의 생모 폐비 윤씨의 묘,

'회묘'에서 동 이름이 유래하다

회기동回基洞. 1만여 명이 6000여 세대를 이뤄 사는, 동대문구에서 가장 인구가 적은 동네이다. 인구만 보면 정말 소소하다. 그런 소소한 회기동 안에는 초등, 중등, 고등, 대학, 그리고 종합병원까지 있다. 소소한 동네가 아닌 것이 분명하다. 회기동은 조선시대 연산군의 생모 폐비 윤씨의 묘인 회묘懷墓에서 동 이름이 유래했다고 전해진다. 회묘는 지금의 경희여자중고교 자리에 있다가 경희대가 옮겨오면서 경기도 고양시 서삼릉으로 이장되었다. 회기동도 청량리동, 휘경동처럼 왕실의 묘가 있었던 동네다. 면적으로 보면 경희 남녀 중·고등학교와 종합병원을 포함한 경희대가 반 이상을 차지하고 있다. 또 회기동 연령대별 인구를 보면 회기동 10대 인구비율 7.3퍼센트, 20대 인구비율 27.9퍼센트, 30대 인구비율 15.3퍼센트, 40대 인구비율 13.2퍼센트, 50대 인구비율 11.4퍼센트, 60대 인구비율 9.4퍼센트, 70대 인구비율 6.8퍼센트, 80대 인구비율 2.8퍼센트, 90대 인구비율 0.6퍼센트 이다[13]. 인구통계를 보니, 여느 동네와는 달리 20대 인구 비중이 높다. 역시 회기동은 경희대와 뗄 수 없는 과거와 현재를 살고 있다.

경희대 터는 숨겨진 명당

경희대 정문에서 함께 탐방할 사람들을 만났다. 해설사는 윤상숙 님(서울한바퀴 협동조합 이사장). 첫 번째로 둘러본 곳은 경희대 본관 건물이다.

"경희대 본관은 1956년에 만들어져서 2018년 12월 31일 국가등록문화재로 지정되었어요. 여기는 천장산자락인데, 천장산이 하늘이 감추어놓은 산이라고 해요. 그래서 본관동 쪽에는 경종 임금의 무덤이, 여기서 10분만 걸어가면 있는 홍릉 숲에는 명성황후의 무덤이 있고, 그 앞에는 영휘원·숭인원이 있어요. 고종의 후궁이었던 순헌황귀비 엄씨와 이진 왕자의 묘가 있어요. 풍수지리학자들이 말하길 경희대 본관이 굉장한 명당이라고 해요. 본관 보시면 파르테논 신전이 연상되실 거예요. 많은 서양 건물들이 그 신전을 많이 본떠서 만들었는데, 이것도 그 요소들을 가지고 있어요. 특히 기둥이 쭉 늘어서 있는 건물을 열주식이라고 하는데, 그 위에 신상들이 조각되어 있어요. 신전의 전형적인 모습입니다. 그래서 장중하고 근엄한, 범접하기 어려운 멋진 모습을 하고 있죠. 그래서 영화나 드라마에 많이 등장했었어요. 요새도 사진 찍으러 많이 와요. 경희대는 캠퍼스 사진으로 달력을 만드는데, 외국으로 오인되기도 한다네요. 그리고 본관 앞 양쪽 사자상을 보면 보통 사자 모습과 다르지 않나요? 입 모양 보시면 약간 웃는 사자상이에요. 경희대의 상징이기도 하죠. 웃는 사자

경희대 본관

상을 한 이유는 최고의 위치에 가서 온화한 웃음을 간직한 사람이 되라는 뜻이 아닐까 생각합니다." 해설사의 말이다. 봄에는 벚꽃으로, 여름에는 녹음으로, 가을에는 단풍으로, 겨울에는 설경까지 너무 아름다운 캠퍼스라서 학생들 실력과 인성이 좋아지는 것 같다는 기분 좋은 허풍에 같이 웃는다.

'평화의 전당'의 별명은 '비놀리아'관

이어 중앙도서관과 평화의 전당을 둘러보았다. 평화의 전당은 1976년 6월에 착공하여, 1999년 10월 11일에 개관한 종합문화예술 공연장이고, 단일 공연장으로는 아시아 최대 규모인 4,500석의 객석을 보유하고 있다. '평화의 전당'이라는 정식 명칭이 생기기 전에는 '비놀리아'관이라는 별명도 있

평화의 전당

었다.

'비놀리아'는 비누 이름으로, "어? 아직도 그대로네?"라는 멘트로 유명한 '오래가는 비누'다. 1976년에 착공을 했는데도 아직도 완성이 다 안 되었다는 웃픈 에피소드를 안긴 별명이다. 웅장한 외관을 자랑하는 평화의 전당은 중세 고딕 양식 건축양식으로, 2019년 4월 화재로 전 세계인의 안타까움을 샀던 노트르담의 성당 외형을 본떠 만들었다고 한다.

관세음보살을 반복하면서 기도하면
중생의 소원을 들어 주신다

다음은 연화사. "연화사는 연산군이 생모 폐비 윤씨의 명복을 빌기 위해 지은 절입니다. 회릉의 원찰이었는데, 나중에 회묘로 바뀌면서 일반사찰로 되었다가 의릉이 들어서면서 다시 원찰이 되었습니다. 임오군란 때, 6·25 때 두 번 큰불이 났었고요. 다시 지은 겁니다. 20세기 초에 만들어진 유명한 불화들이 많습니다. 1889년에 광화문에서 청량리까지 전차가 연결됐을 때 왕실전용칸이 있었다고 해요. 서울 도성 내에 사찰이 없었는데 그때 궁녀들이 많이 찾았다고 합니다. 궁녀들이 시주한 돈으로 불화가 만들어질 수 있었다고 해요." 이곳에 있는 불화들은 서울시 유형문화재이다.

연화사

그리고 불교 신자가 아니라 몰랐던 이야기. "관세음보살은 불자들이 어려움이 있을 때 불공을 드리면 해결해주시는 분이에요. 그래서 눈으로 보고 손으로 해결하기 위해 손과 눈이 많은 관세음보살 그림이 있어요. 천 개의 손과 눈이 그려져 있지요. 천태종에서는 관세음보살을 반복하며 계속 기도하면 중생의 소원을 들어주신다네요." 그냥 기도문인 줄 알았더니 어려움을 겪는 중생의 소원을 들어주는 고마우신 분이었다. 수능 때마다 소원 비는 불자 부모님들 소원 들으시느라 아주 바쁘시겠다.

독립운동가를 길러내던 신흥무관학교와 경희대 역사, 연산군과 그의 어머니 폐비 윤씨의 연화사, 동네를 안전하게 가꾸려는 사람들의 역사까지. 크나큰 어려움이 와도 헤치고 나가는 역사가 회기동 곳곳에 서려 있었다.

토스트
1,000원의
숨겨진 비밀

_ 회기역 토스트 할머니

회기역에서 경희대 방향 입구로 나오면 바로 앞에 1,000원 토스트집이 있다. 화려한 색깔의 옷을 입고, 늘 얼굴에 미소를 머금어 미소가 주름이 되어버린 할머니가 사장님이다. "저도 토스트 하나 주세요." 했더니, "예." 뒤이어 온 학생들이 주문하니, "예, 공주님, 왕자님" 한다. 공주님, 왕자님들이 있으니 내가 살지 하시며, 연신 미소를 보낸다. 작은 대접에 적당량의 야채와 계란 하나를 넣어 부침을 만들고, 구워진 식빵 위에 얹는다. 소스를 가리키며 묻는다. "뭐 뿌려줄까. 설탕? 케찹? 머스타드?" "다, 뿌려주세요." 간단한 한 끼 식사로 부족함이 없다. 이 정도가 1,000원이라니. "할머니 너무 싸게 파시는 것 아닌가요?" "괜찮아요. 우리 공주님들 왕자님들 먹으니."

할머니 이야기를 책에 실어도 되냐고 물었다. "뭐, 좋지." 하신다. 언제부터 토스트를 하셨냐고 물었다. "전통부터 했으니까…." 전통? 필자가 갸웃거리

회기역 1번 출구 토스트 할머니

니 "전두환" 하신다. 아~ 전통, 박통 하던 시절이 있었지. 할머니의 힘든 시대
가 단어에서 묻어나는 것 같다. 이런저런 얘기를 더 하고픈데, 사람들이 계속
들어온다. 급하게 성함을 물었더니, "이름 없어. 그냥 토스트 할머니라고 하면
돼." 하신다. 토스트 할머니는 오랫동안 간병해 오던 남편이 몇 년 전 돌아가
시고, 장애가 있는 아들에게 방 한 칸이라도 마련해 삶의 터전을 만들어 주는
것이 할머니 삶의 목표라 했다.

할머니 토스트의 가격이 '1,000원'으로 굳어진 이유가 있다. 2012년, 원인불
명의 화재로 인해 할머니는 이 터전을 잃었었다. 이 가게는 오랫동안 간병해
온 남편과 장애가 있는 아들의 유일한 생계원이었기 때문에 상황은 심각했다.
급기야 당시 구청에서는 이곳에 화단을 만들겠다고 하면서 상황은 더욱 어려
워졌는데, 놀라운 반전이 생겨났다. 인근 수 천 명의 주민들과 경희대, 시립대
학생들의 서명과 도움이 쇄도한 것이다[14]. 이 과정 자체가 하나의 드라마였다.
할머니는 자신의 토스트 가게가 복원되는 그날, 하루종일 무료로 토스트를 주
변 사람들과 나누었다. 그리고 이 고마움을 지금도 '1,000원'이라는 붙박이 가
격으로 나누고 있다.

역사적으로
관리가
잘 되는 동네

_ 회기동 주민자치회 신영걸 회장

회기역을 나와 경희대 방향으로
걷다 보면 회기시장 입구에 회기
어린이집이 있고, 회기동 새마을
금고를 지나면 오른편으로 나오
는 작은 골목. 그 골목을 들어서
야 작고 오래된 회기동 주민센터
가 보인다. 회기동은 마을총회나

신영걸 주민자치회장

마을 축제가 재밌다는 소문이 자자한 동네다. 주민자치회 활동이 그만큼 왕성
하다는 반증이다. 회기동 주민자치회 신영걸 회장을 만났다.

•◦ 1970년대 경희대 정문 앞 ◦• 1970년대 경희대학교 앞 새마을 운동(출처: 회기동주민자치회)

회기동은 역사적으로
관리가 잘 되어 있는 동네

"회기동은 역사적으로 관리가 잘 되어 있는 동네에요. 회기동 사진전도 여러 번 열었어요. 회기동은 산신제를 지내요. 이제까지는 마을에 오래 사신 어르신들이 제를 모셨는데, 3년 전부터 산신제도 주민자치회가 주관합니다. 경희대 총장 본관을 지나서 바로 좌측으로 돌아 들어가는 입구에 다리가 하나 있는데, 거기서 내려다보면 연못이 하나 보여요. 거기가 선동호예요. 거기서 매년 음력 10월 1일 제를 지냅니다." 사진전에 대해 물었더니 최근은 아니지만, 회기동의 변화상이 들어있는 사진들을 전시했다고 한다. 사진은 1950년대부터 1990년대까지 회기동 일대 사진들이 있었다.

작지만 강한 원동력이 있다

지역봉사활동에서 주민자치활동까지 어떤 계기로, 어떻게 시작된 것일까?.

"1994년부터 새마을협의회 총무와 동대문구 새마을협의회 회장을 했고 주민 자치회 감사로 있다가 주민자치회 추천으로 2년 임기로 회장으로 선출됐습니다. 지금도 마을 청소부터 방역, 제설작업까지 같이하고 있어요. 초반부터 함께 활동한 자영업 하는 사람들 여섯 일곱 명이 있거든요. 어느 해에는 새벽에 새마을협의회 제설작업을 하는 것을 서울시 직원들이 보고는 추천해서 개인 표창, 시장 표창을 받은 적도 있어요. 우리는 작지만 강한 동네예요. 인구는 작지만, 원동력이 있어요. 마을 축제를 위해 경희대 학생들도 많이 참여하고요. 또 청량초등학교 운영위원회가 참여하고, 태권도 시범 행사도 우리 동네에서 참여하게 되었어요. 실력이 아니라 학생과 학부모들이 함께 참여하는 행사가 되도록 하려고 해요."

청년들이 많이 살고
협조를 잘하는 동네

혹시 불편한 것이나 풀기 어려운 과제가 있는지 물었다. "주민자치회로 운영 되니까 모든 민원이 다 자치회로 접수돼요. 그래도 회기동 위원들 70~80퍼센트가 저를 믿고 따라주시고 끌어주세요. 총회를 해보니까 주민들과 내 생각이 똑같은 것 같아요. 우리가 보고하고 집행하니까 다른 동보다 빠른 것 같습니다. 총회 때는 주민들이 다 참여할 수 있게 하려고 합니다. 행사 일정을 조정해서 모두가 참여할 수 있게 했습니다. 인구는 적어도 협조를 잘해요."

회기동은 동대문구에서 청년들이 가장 많이 사는 동네다. 그래서 청년과의 교류도 많다. 세대별 소통 채널이 있으니, 동네에서 함께 하며 즐길 거리도 다양하다.

　동네 사람들에게 좋은 학교와 병원이 자랑거리인데, 가끔 주민들의 동네 살이와 충돌하는 사안도 있다. 이럴 때 주민자치회는 행정과 학교, 병원 그리고 주민들 간 상생의 기반을 조성하기 위해 고민하고 방법을 찾는다. 주민자치회는 그렇게 주민에게 부여된 권한을 또 다른 주민들과 나누며 성장하고 있다.

우리 동네
돈키호테
'회기동 사람들'

_ 김대현 활동가

청년들이라면 영어나 요즘 유행하는 약어로 모임 이름을 지을법하다. 헌데 '회기동 사람들'이라는, 매우 직접적인 이름으로 활동하고 있는 이들을 만났다. 만난 곳은 동대문구 마을자치 박람회. 마을 활동을 하는 청년들이고, 회기동 주민들과 회기동을 주제로 다양한 이벤트를 기획하고 운영한다. '회기동 사람

동대문구 마을자치박람회 '회기동 사람들' 부스에서 김대현 활동가

들'의 활동가 김대현 님을 만났다.

주민들과 직접 만들고 즐기는
문화행사의 즐거움

"상계동에서 사회복무요원으로 근무하고 있어요. 근무 끝나면 회기동으로 와서 활동하고요. 시작은 2016년 SNS에서 모집공고를 보고 제가 직접 지원했습니다. 처음에는 동네 축제 같은 것을 한다기에 재밌겠다 싶고, 호기심으로 시작했어요. 벌써 4년 차네요."

'회기동 사람들'은 회기동 주민과 상인, 청년들의 즐거운 네트워크로 재미난 동네를 만들기 위해서라는데, 노원구에서 여기까지 4년째 오고 있다는 김대현 씨 얘길 들으니 재미가 뭘까 더 궁금해진다.

스물 세 살의 4년 차 지역 활동가는 기존 동네 축제라고 하면 어르신들을 위한 잔치 정도로 생각했지만 직접 기획하며 진행하니 달랐다.

"되게 재미있었어요. 실제 뭔가 주민들과 직접 소통하면서 만들어가는 과정

'회기동 사람들' 마을잡지인 〈숨통〉의 표지와 내지

자체도 그렇고요. 제가 만든 축제를 사람들이 즐겁게 참여하고 즐기는 모습을 보는 것이 제가 느낀 즐거움 같아요."

즐거운 상상을 가능하게 한 구체적인 활동을 알아보기 위해 먼저 〈숨통〉이라는 회기동 마을잡지에 관해 물었다.

"축제는 일단 오시는 분들만 참여하시잖아요. 안 오시는 분들은 모르잖아요. 그래서 이런 활동들을 그런 분들과도 공유해보자 했어요. 공유의 방식은 영상도 있지만, 많은 분들이 다양하게 접근할 수 있도록 모두가 볼 수 있는 것이 있으면 좋겠다고 해서 잡지를 만들게 된 것 같아요. 저는 거기서 사진도 찍고, 기사도 썼는데, 〈숨통〉은 1, 2호를 만들고 향후 계획은 아직 없어요. 〈숨통〉에 나오는 과거와 현재 회기동을 비교한 사진들은 제가 찍었어요. 사진을 특별히 배운 것은 아닌데요. 고등학교 때부터 좋아해서 돈을 모아 카메라를 샀어요."

또 '월간 회기'라는 이름으로 매월 동네 이벤트를 만든다. 월간 회기라 해서 좀 더 잡지 같은 활자 매체인 줄 알았으나, 매월 동네 이벤트를 만드는 활동이라고 한다.

"월간 회기는 마을 축제와 마을 탐험 등 회기동에서 주민들과 할 수 있는 이벤트에요. 회기동 청년 밥 모임, 고요한 영화제, 소소한 사진전도 했어요. 밥 모임에서는 연초에 떡국을 함께 나눠 먹었고요. 고요한 영화제는 천장형에서 영화를 봤는데, 헤드셋을 이용해 주파수를 잡아 조용하게 영화를 봤어요. 마을 탐험은 파일럿 프로그램으로 진행했는데, 마을 곳곳에 장소를 정해놓고 QR코드를 찍으면 퀴즈를 풀 수 있고 마지막 문제까지 풀면 카페 녹원의 음료 쿠폰을 선물하는 마을 투어 프로그램입니다. 그런데 스마트 폰에 익숙하지 않은 분들은 참여가 어려워 다른 방식을 기획하고 있어요. 또 소소한 사진전은 말씀드린 회기동 옛 사진과 현재의 골목 사진들을 동네 카페를 돌아다니면서 전시하는 이벤트였어요. 엽서에 있는 사진들이 전시한 사진들이네요. 그리고 회기동 주민자치회와 함께 기획한 동네 축제도 곧 진행할 예정이고요."

행정기관이나 여타의 기관에서 만드는 행사와는 다르게 느껴진다. 일로 기획하고 만드는 행사가 아니라 주민들과 직접 만들고 즐기는 문화행사라서 그런 것 같다. 동네살이의 즐거움을 주민들과 만드는 과정 자체가 흥이라서.

이런 그들의 활동이 무척 반갑고 좋으면서도 한편으로는 걱정이 생겼다. 활동하는 이들의 생계 문제이다. 청년들은 어떠한 자원으로 활동하지? 활동이 생업과 연결되기도 하나? 그래서 생업과는 관계가 있는지 물었다.

"회기동 사람들은 학생도 있고, 저 같은 사회복무요원도 있고, 직장인들도 있어요. 중심을 잡아주는 윤식이 형('회기동 사람들' 김윤식 대표를 지칭) 같은 분이 있으니, 지속해서 운영되고 있어요. 그리고 다들 이 일이 좋아 자발적으로 하는 사람들이에요. 시간의 흐름에 따라 사람들은 계속 바뀌지만 다른 분들이 계속 이어가며 하고 있어요. 저는 아직 미래를 결정하지 않았지만 마을 활동을 하면서 이 활동을 업으로 삼을 수도 있겠다 싶어요."

아직 생업은 어렵다. 그래도 마을 활동을 업으로 삼을 수도 있겠다는 그를 만나니, 지역 활동을 하면서도 먹고 살 걱정 덜하고 활동할 수 있는 환경을 빨리 만들어야겠다는 생각이 든다.

마지막으로 주민들과 공유하고 싶은 이야기나 〈인터뷰, 마을이음〉 같은 동네 잡지에 하고 싶은 이야기를 물었다.

"음…. 저희 활동을 계속 관심 있게 지켜봐 주시고 함께 해주시면 좋겠고요. 〈인터뷰, 마을이음〉 잡지는 좋은 것 같아요. 인터넷이나 SNS로 이런 활동 소식을 접하지 못하시는 분들도 계시니 이런 활동 소식을 계속 공유해주시면 좋겠어요. 그리고 함께했으면 하는 것도 있는데, 다양한 주제로 마을지도를 공동

제작해보면 좋겠어요. 동네 붕어빵가게지도, 비건 식당지도 도서관지도, 카페지도 그런 다양함과 특별함이 있는 마을지도 같은거요."

역시 재미있겠다. 꼭 함께 해보면 좋겠다.

'회기동 사람들'과 동네 사람들이 함께 마을지도를 기획하고 만들 날을 기약하며 인터뷰를 마쳤다. '회기동 사람들'이 계속 우리의 이웃으로 동네 살이 즐거움을 함께 만들 수 있기를 바란다. 땡큐~ 회기동 사람들!

회기동
인생술집
'도읍지'

_ 도읍지 안완영 사장

요즘 찾아보기 어려운, 산속에 있을 만도 한 주점이 회기동에 있다. 이름은 '도읍지'. 20여 년 전에도 있었던 기억이 나는 것을 보면 오래된 곳임은 분명하다. 더욱이 경희대 정문 앞 상권은 계속 새로 바뀌는 상점들이 많아서 그 모습 그대로 남아있는 것 자체가 신기하기까지 했다.

●○ 도읍지 입구 ○● 도읍지 마당

23년의 인생과 이야기가
켜켜이 쌓인 곳

　도읍지 입구에 들어서면 왼쪽으로는 주인장의 손길이 느껴지는 나무와 꽃, 석물이 조화로운 작은 정원이, 오른쪽에는 장작들이 차곡차곡 쌓여있다. 안에 장작을 피울 곳이 있을지 궁금해 하며 마당을 지나 도읍지 내부 현관에 들어서면, 묵은장 향인 것 같기도 하고, 나무 향 같기도 한 오래된 향이 먼저 들어온다. 그리고 이어지는 주황색 조명과 흙벽, 세월의 흐름이 고스란히 남아있는 휘어진 나무 탁자와 의자가 자리를 지키고 있다. 조금 더 들어가면 손님들 사이로 밥 냄새가 허기를 부른다.

　두 시 반. 점심때가 지났는데도 1층은 빈자리가 한두 자리뿐이다. 저녁에는 올 때마다 사람이 별로 없어서 손님이 줄었나보다 했는데, 점심시간이 조금 지난 시간인데도 빈자리가 드문 걸 보면 식당에 가까운 주점인 것 같다. 낮에 사람이 많다며, 주 메뉴는 계란찜 백반과 제육볶음이 세트 메뉴처럼 잘 나간다고 한다.

　도읍지와 사장님을 소개해 달라고 하니, 단답형 답이 돌아온다.

　"제 이름은 안완영이구요. 65세. 도읍지를 운영한지는 23년 됐네요."

　이래저래 다시 물으니, 사장님이 말을 잇는다.

　"아는 사람과 동업으로 시작했다가 중간에 제가 인수받아 운영하고 있어요. 경희대 학생, 교직원, 경희의료원 환자나 가족, 직원 분들이 주로 오시고, 지역주민들도 가끔은 오시는데 많지는 않아요."

　도읍지는 1, 2층으로 이뤄진 주점이라, 위아래 꽉 채우면 백여 명은 들어갈 수 있겠다 싶은데, 몸이 힘들어서 2층은 과모임이나 동아리 모임 등의 단체손

님만 받는다. 1층에는 사람들이 둘러앉을 수 있는 큰 화덕(?)이 있는데, 지금은 쓰지 않는다. 나무계단을 밟고 2층으로 가면 왜 단체만 받으시려는지 이해가 된다. 확 펼쳐진 너른 홀인데 50명 이상의 과모임도 너끈해 보인다.

안완영 도읍지 사장님

2층 창문으로 보이는 담쟁이넝쿨은 옛날 영화에서 봄직한 아름다운 가을 풍광을 선사한다. 독특한 내·외관 인테리어에 의미를 물었다.

"뭐 특별하게 생각한 건 아니고, 예스럽게 만들자고 하다 보니 그렇게 됐네요. 원래 일제 강점기에 만들어진 집이래요. 시멘트로 된 집인데, 겉에 흙만 발랐어요. 그리고 지금 있는 탁자나 의자들이 모두 처음부터 그대로예요. 모두 23년짜리네요."

할 수 있을 때까지는 해 보겠다

23년간 운영하면서 힘든 것과 즐거운 것을 물었다.

"힘든 것밖에 생각 안 나네요. 시작했을 때는 힘든 것도 몰랐는데, 지금은 세금 내느라 너무 힘들어요. 특히 여기는 방학 때 사람이 없어서 5개월 장사한다고 보면 되거든요. 카드 매출이 대부분이고요. 오전 오후 아르바이트를 따로 써서 8명이 일하는데, 아르바이트도 주 16시간 이상이면 4대 보험을 다 들어야 하고 주휴수당 등 나가야 해서 지출도 커요. 영세기업에 보험료 지원해주는 제도가 있는데, 저희는 피고용인이 5인 이상이라고 지원도 안 된다네요. 7천 원짜리 밥 팔아서 8명을 고용하고, 그에 따른 세금으로 다 내고 나면 남는 게 없어요. 저는 무수리처럼 일하는 데, 인건비도 못 건져요."

현행법상으로 주 16시간 이상 일하면 아르바이트도 4대 보험이 필수다. 노동자 처지에서 보면 당연한 일인데, 사장으로서는 너무 힘들어 포기하고 싶다는 얘기를 들으니 영세 자영업자를 위한 대책도 시급하다. 고용인수로만 보험료를 지원하기보다는 매출과 수익에 따라 지원하는 정책도 필요하겠다. 그렇게 힘든데, 계속하시는 이유도 물었다.

"집이 원래 송파구였는데, 여기로 이사 온 지 한 2년 됐거든요. 집이 멀어서 늦게 끝나면 새벽 한 두시에 들어가니까 힘들었죠. 아이들이 학교도 졸업하고, 신랑도 퇴직했으니까 이사를 결심했어요. 지금은 남편과 아이들이 와서 도와주니 버티고 있어요."

은퇴할 나이라 몸도 힘들고 벌이도 힘들어서 그만두고, 쉬면서 여행 다니며 살았으면 좋겠다고 하면서도, 그럼 그만둘 계획이 있으신지 물으니 할 수 있을 때까지는 해보겠다고 한다. 사장님 인생의 후반기를 함께한 '도읍지'가 그냥 돈벌이의 수단만은 아니었던 것 같다.

"내가 여기를 마흔 세 살 때인가 시작했는데, 재미있었어요. 도읍지 잘 되라고 풍물패들이 와서 놀기도 하고, 아이들이 단체로 와서 왁자지껄 놀다 가면 저도 즐거워요. 또 지금까지도 아르바이트했던 학생들이 찾아오고는 해요. 그냥 궁금해서 와봤다고 하기도 하고, 결혼했다고 배우자랑 같이 오는 사람도 있고요. 얼마 전에는 아이를 낳았다고 하는 아이도 있었어요. 그렇게 지나간 사람들이 찾아오고, 사는 이야기를 들려주면 내가 나쁘게 산 건 아니구나 싶더라고요."

사장님의 눈빛에 도읍지 23년의 세월이 스쳐 가는 듯하다. 마지막으로 도읍지가 어떤 장소로 기억되고 싶은지 물었다.

"사람들이 맘껏 즐길 수 있는 신나는 장소였으면 좋겠어요. 23년간 임대료가 안 올라 장사할 수 있었으니, 나도 건물을 새로 짓는다거나 하지 않으면 계속할 것 같아요."

23년간 오르지 않은 임대료 덕분에 도읍지가 지금까지 있을 수 있었던 것 같다.

그냥 가기 섭섭해 감자전과 동동주 한 동이를 주문했다. 이곳의 시그니처 메뉴인 폭탄계란찜을 덤으로 주셨다. 동료와 함께 한 낮술 덕분에 마음이 넉넉해진 줄 알았는데, 오는 길 내내 마음이 무겁다. 건물주가 누구냐에 따라 23년간 사업을 운영할 수도 있고, 쫓겨날 수도 있고. 이쯤 되면 정말 조물주 위에 건물주가 진실인 건가.

(＊이 인터뷰는 2019년에 진행한 인터뷰이다.)

세 번째
이음

이문동

우리 읍내의
정서를 품은
동네

이문동
Imun-dong
里門洞

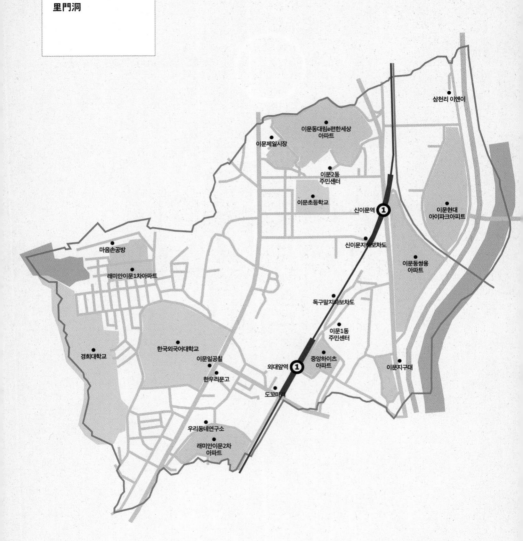

삼천리 이앤이

이문동대림e편한세상
아파트

이문제일시장

이문2동
주민센터

이문초등학교

이문현대
아이파크아파트

신이문역

신이문지하보차도

마음손공방

래미안이문1차아파트

이문동쌍용
아파트

독구알지하보차도

이문1동
주민센터

한국외국어대학교

경희대학교

이문일공칠

외대앞역

중앙하이츠
아파트

이문지구대

한우리문고

도꼬마루

우리동네연구소

래미안이문2차
아파트

이문동은 뭔지 모를 시골의 느낌을 연상하게 한다. 손톤 와일더의 희곡 〈우리 읍내〉가 생각
났다. 〈우리 읍내〉는 총 3막으로 이뤄진 작품인데, 에밀리가 자라고 결혼하고 죽음에 이르는
과정을 보여줌으로써 지금을 잘 살아야 한다는 뜻을 담고 있다.

안녕 세상이여… 우리 읍내… 학교… 우리 집…

안녕히 계세요 엄마 아빠…

째깍거리던 시계도

엄마가 가꾸던 해바라기도…

맛있는 음식과 아침에 침대 위에 놓여진 다려놓은 원피스…

잠을 자고 아침에 눈을 뜨고…

모든 게 너무나 아름다워 그 참가치를 아무도 모르고 있었어.

사람들은 살아가면서 자신들이 사는 세상을 얼마나 깨달을까요?

자신이 사는 1분 1초를 말이에요.

— 손톤 와일더, 〈우리 읍내〉 中 '에밀리의 독백'

에밀리의 독백은 이문동을 떠오르게 했고, 사람들을 만나는 내내 이문동 이미지는 '우리 읍
내'였다. 사라지는 동네에서 고양이를 구조하고, 사라지는 동네를 기억하기 위해 기록을 남
기고, 상처받은 사람들을 위로하며 서로 배우고, 이야기하고, 다양한 문화 활동 만들어보며
즐기고, 생활 불편을 해소하기 위해 제안하고 만들고, 약자를 위해 할 수 있는 것을 찾아서
살고 있었다.

서울의
방범초소
'이문동'

한 TV 광고. 배우 최불암과 김승우가 나오는 잇몸 약 광고에는 한 설렁탕집
이 등장한다. 뽀얀 국물에 잘 익은 깍두기를 하나 얹어서 턱. 어후, 밥때 보면
참기 힘든 광고다. 아예 약 광고가 아니라 맛집 광고로 기억하는 사람도 많다.
약 이름은 전혀 기억이 안 나도 그 설렁탕 집은 강렬하게 각인된다. 이문설렁
탕. 어라? 이문동에 있는 설렁탕
집 아냐? 그런데 모바일을 열고
지도를 아무리 검색해도 '이문설
렁탕'은 이문동에 없다. 지도는
종각역 인사동 근처를 가리킨다.
셜록 홈스 열혈독자의 실력으로
추리한다. '이문설렁탕은 아마

이문설렁탕(출처: jtbc)

도 이문동 어딘가에 가게를 했다가 장사가 잘되니 종로 쪽으로 이사 간 것일거야'. 예상은 완벽하게 빗나갔다. 현재의 이문설렁탕은 그 근처에서 장사한 지가 100년이 넘은(1904년부터 116년째) 대표적인 노포老鋪 식당 중에 하나다. 그럼 도대체 왜 이문동도 아닌 종로에서 장사를 하면서, '이문설렁탕'이라는 이름을 지었던 것일까?

'이문'은 고유명사가 아니라, 일반명사였다

이문설렁탕이 종로의 인사동 근처에 있는 것은 '이문'이라는 이름과 직접적인 관련이 있다. 이문里門. 도둑을 단속하기 위해 전국의 마을 입구에 세운 문[15]. 이문은 의미상 성문城門과 대비된다. 성과 외부를 구분하는 문을

이문터 (출처: 중구청)

'성문'이라고 한다면, 마을과 그 마을의 외부를 임의로 구분하는 기준점이 바로 '이문'이 되는 것이다. '이문터里門址[16]'로 검색하면 정확히 유사한 장소(종로 근처)가 검색이 되는데 지금도 이문이 있었음을 기록하기 위한 표석이 남아 있다.

그런데, 왜 '설렁탕집'이 이문과 연결되어 있는 것일까? 몇 가지 추론이 가능하다. 실마리는 '이문'의 생김새와 관련이 있어 보인다. 실제 이문은 기둥 두 개에 문이 달린, 울타리도 아주 허술하게 이루어져 있을 가능성이 매우 크다. 그림만 보면 '사극에 나오는 국밥집 앞에 있던 있으나 마나한 문' 비슷한 이미

지다. 이문의 역할은 실제로는 물리적 경계를 나누거나 하지는 않았을 가능성이 크고, 일종의 방범초소 역할 정도였을 것이다.

당시 이문터가 있던 종로의 '피맛골' 근처에는 유동인구가 많았고 당연히 허기를 달랠 식당도 많이 필요했을 것이다. 이렇게 추론해 보면, 이문설렁탕의 오랜 역사는 사람들이 오고가는 '경계지' 또는 '정거장'의 역사와 닿아있어 보인다. 사람이 많이 모이는 곳에는 허기를 달랠 곳도 많이 필요했던 것이다.

기록에 나타난 이문의 최초 역사는 세조 11년, 1465년으로 거슬러 올라간다. 세조는 자신의 조카 단종이 즉위한 이듬해(1453년) 한명회 등과 함께 폭력적인 '쿠데타'를 감행(계유정난), 집권한다. 세조는 조선이라는 나라가 해박한 유학자들의 사변과 논리에 의해 운영되는 나라가 아니라 왕이 신하에게 직접적으로 지시하고, 이에 복종하는 강력한 '상명하달上命下達'의 국가가 되기를 원했다. 그리고 이런 강력한 통치력이 자신의 집권 시기 이후에도 지속되기를 원했다. 그래서 자신의 건강이 쇠하기 시작했던 제위 11년(세조의 집권은 14년밖에 되지 않는다), 야간의 치안을 도모한다는 이유로 방범초소인 '이문'을 전국적인 요지에 설치한다. 한국민족문화대백과사전에서 찾아보면 현재 서울특별시 종로구 인사동 222번지(여기가 정확히 과거의 피맛골이다), 중구 남대문로 조선호텔 입구, 중구 태평로 태평관 동쪽, 성동구 상왕십리 현인동, 마포구 염리동 서울여자중학교 부근 등 우리나라 전역에 이문의 터가 있었다고 전해진다[17]. 그리고 그 수많은 '이문' 중 하나가, 1936년 4월 1일 경성부에 편입되면서 이문정里門町이 되고, 1943년 동대문구에 속하게 되었고, 광복 후 1946년 10월 1일 이문정은 이문동이 되었다고 전해진다[18]. 이문동에서 '이문'은 고유명사가 아니라, '일반명사'였던 것이다.

하늘이 숨겨놓은 산, 천장산
그리고 중앙정보부

'방범'과 감시의 역사적 전통(?)을 이어받은 탓일까. 이문동에는 동네사람들만 알고 외부에는 잘 알려져 있지 않은 산이 하나 있다. '하늘天이 숨겨놓은藏 산'이라는 뜻의 한자를 가진, 천장산天藏山이다. 해발이 140미터 밖에 안 되는, 아담해서 산책하기 딱 좋은 산. 이 산은 인근의 석관동, 회기동, 청량리동과 연결되어 있지만 '천장산로'라는 이름을 가진 거리는 이문동에만 존재한다.

그래서 이문동 사람들은 천장산을 '자신들의 구역'에 넣는 것을 서슴지 않는다. 그런데 거창한 등산 장비가 전혀 필요 없는 포근하고 예쁜 산에는 비밀이 하나 있다. 천장산은 무려 40년 이상 사람들에게 접근이 허용되지 않던 산이었다[19]. 천장산은 2005년 5월 1일, 43년간의 베일을 벗고 일반인에게 등장한다. '없던 걸로 했던 산'이 갑자기 등장한 것이다. 당연히 원래 산은 있었다. 그런데 1962년 중앙정보부 건물이 들어서면서 천장산은 '없는 산'이 된다(실제로 중앙정보부는 주소도 없다).

중앙정보부가 국가안전기획부가 되고도 상당 기간 이곳은 일반인들의 출입이 금지된 곳이었다. 이곳에 관한 생생한 에피소드를 들려준 사람이 한 명 있었다. 한국외대에 1992년 입학해서 박사학위까지 계속 공부했고, 지금까지 이문동에 거주하고 있는 김동원 박사는 국가안전기획부 시절의 섬뜩한 에피소드 하나

천장산 위치(출처: 네이버 지도)

를 전한다.

"대학교 2학년 때 외대 후문에서 술 먹고 있었거든요. 그때가 한창 뭐 학생운동 많이 하고 그럴 때였어요. …(중략)… 선배들이 담배랑 술 사오라 그래서 외대 후문 앞 슈퍼를 갔는데 슈퍼아저씨가 우리 학생회장이 좀 전에 잡혀갔더라는 거예요. …(중략)… 담배 사러왔다가 잠복해있던 형사들이 체포해서 바로 저기 후문으로. 저기가 그때 안기부였으니까." 이어서 안기부 입장에서의 천장산의 '효용'도 이렇게 전한다.

"그 산이 사실은 군사보호구역으로 되어 있어서 지금도 가보면 철조망이 쳐져있는데 외대에서 보여요. 초소가 있거든요. 그 초소가 안기부 초소였고, 그 위에서 보면 뭐 외대에서 무슨 집회하는지 경희대가 뭐하는지 다 보이죠. 사람들 몇 명 없고 그래도 다 보일 테니까."

섬뜩하다. 이런 등골 오싹한 시대를 거쳐, 민주화 시대를 지나고, 2003년 문화재청은 중앙정보부 건물을 철거하고 인근의 의릉 전체와 천장산을 일반시민들에게 공개하기로 결정했다. 지금의 성북구 석관동에 걸쳐있는 한국예술종합대학교의 일부 건물은 사실 '남산의 부장'님들이 정치공작과 국민을 통제할 수 있는 방법을 모의했던 장소였다. 천장산은 하늘이 숨겨놓은 것이 아니라, 개발독재 시대의 권위주의 정부가 숨겨놓았던 것이다.

이문동에 숨겨진 '서민의 연료' 공장,
삼천리이앤이

이문동의 끝자락. 석관동과의 경계에 있는 한천로의 끝부분에 한 공장이 있다. 밝은 하늘색 슬래트 지붕을 한 낮고 깔끔한 건물이다. 그냥 슥 지나가면 공장인지도 잘 모른다. 이문동에는 한 때 서민들에게 따뜻함을 저렴하게 공급했던 공장이 '숨겨져' 있다. 삼천리이앤이, 연탄 공장이다. '연탄'이 던지는 선입견과는 완전 딴판으로 공장의 외관은 깔끔했다.

1960년대 전국적으로 400여 곳에 달하던 연탄 공장은 서울에 이곳 이문동과 시흥동 딱 두 곳만 남아있다고 알려져 있다. 한때는 이문동의 일자리와 경제가 돌아가는 중요한 원동력이기도 했다. 신이문역부터 석계역까지가 모두 연탄 공장이었고 이곳에서 일하는 인력도 상당했다고 전한다. 삼천리이앤이(구, 삼천리 연탄)는 1968년 서울에서 가동되던 연탄 공장 17개 중 9개 공장이 합쳐지면서 현재의 이문동으로 이사했다. 당시 서울시민이 하루에 사용하던 연탄이 800~1,000만 장이었는데 이곳에서 200만 장(1일)을 생산했다고 하니[20] 규모는 상당했던 것 같다.

'연탄의 전성시대'에 관한 에피소드가 하나 있다. 연배가 좀 있으신 분들은 기억하는 차가 있다. 바퀴가 세 개 달린 삼륜차(자전거 아니고, 자동차 맞다. 이런게 진짜 있었다). 이 삼륜차에는 히터가 없다. 왜냐? 차 안에는 히터를 대신해서 '연탄'을 땔 수 있었기 때문이다[21]. 헐.

삼천리이앤이 외부(출처: 네이버 지도)

  친환경 트렌드라는 시대적 강풍과 인근에 아파트 단지가 들어서면서 주민들의 민원이라는 어려움에 연탄 공장은 잔뜩 몸을 웅크리고 있다. 정부의 지원도 끊어지거나 줄어들어 현재는 명맥만 유지되고 있고, 연탄 공장을 검색해보면 10여 년 전의 신문기사에도 '곧 없어질 산업'으로 지목되었었다. 하지만 여전히 서민들에게 연탄은 가장 저렴하게 겨울을 나게 해주는 고마운 존재다. 그리고 또 여전히 동대문구의 일부 지역은 연탄의 중요한 소비처로 존재한다. 그래서 이제는 서글픈 은퇴 준비를 하는 연탄 공장의 오래된 노고를 고맙게 기억하는 사람들이 많았다.

  동대문구 사람들에게 이문동은 필요한 것을 내어주지만 '배려를 드러내지 않는', 편안하지만 '인위적이지 않은', 따뜻하지만 '잘 보이지 않는' 그런 동네였다.

서로 연대할 수 있는 사업이 많아져야 한다

_ 동대문신문사 박승구 대표(이문2동 주민자치위원장)

동대문신문은 지역에서 일어나는 일들과 동대문구와 기관들이 전하는 소식을 주민에게 알려주는 지역신문이다. 박승구 대표는 부인과 딸까지 세 식구가 이문동에 2001년부터 거주하며, 이문2동 주민자치위원장을 맡고 있다.

지방자치가 잘 되기 위해서는
지역 언론이 살아야 한다

동대문신문사는 1989년에 창간되었다. 무려 30여 년의 역사를 지닌 지역 언론사다. 1987년 민주화 이후 처음으로 지역신문들이 창간되던 시기에 만들어졌다. 그 시기 창간된 지역 언론 중에서도 가장 빠르게 창간된 편이다. 박승구 대표는 지방자치가 잘 되기 위해서는 지역 언론이 살아있어야 하는데 풀뿌리 민주주의의 근간이 되는 활동이라고 강조한다. 또 언론으로서뿐 아니라 지방자치학교를 진행하며 지방자치 발전과 활성화하는 데 노력했다. "그

박승구 대표

당시 한양대 조창연 교수가 지방자치의 일인자였는데, 그때 조창연 교수와 지방자치학교를 운영했고, 동대문 여성정보대학을 했어요. 손숙 선생님이 학장으로 3기까지 운영했는데, 당시 유명했어요. 300명의 여성을 키워냈죠. 우리나라에서 가장 유명하신 분들이 와서 강의했어요. 정동영, 천정배, 손숙, 우성구 선생님까지."

주민들이 만나서
연대할 수 있는 사업이 필요하다

동대문에서 박승구 대표의 이력 또한 화려했다. 당시 동대문구 국회의원 보좌관과 구의원으로 일했다. 현재는 주민과 더 밀접한 관계를 맺는 이문2동 주민자치위원장을 맡으며 지역에 필요한 일을 찾고 만들어 내는 활동을 꾸준히 한다.

"신이문역 남문 출구를 주민들 서명을 받아 제안하고 추진했어요. 또 휘봉고 설립도 도왔지요. 정보화도서관도 담당했었고요. 그때 가장 애쓴 담당 공무원

이 지역경제 황상준 과장입니다. 그 담당 공무원이랑 같이 추진했는데 구의원을 짧게 해서 그 일을 많이 못 했지만, 어떤 직함을 달고 있건 간에 살면서 필요한 일을 만들어서 했어요. 이문동에서는 이문동 노래자랑을 했는데, 처음에는 사람들이 안 올 줄 알았거든요. 근데 이문초등학교가 꽉 찼어요. 그렇게 호응이 좋을 거라고는 생각도 못 했는데, 동네 분들이 너무 좋아하시더라고요. 그리고 주민자치위원회 하면서는 '마실 축제'를 3회 했는데, 동대문에서 가장 잘하는 축제라고들 해요. 그래서 2회 하고 서울시장 표창장도 받았어요."

그는 인재 양성의 중요성도 강조했다. "그 당시 시민 중심으로 만들어 가려던 노력을 지금은 관 중심으로 끌고 나가는 것 아닌가 생각해요. 마을공동체, 마을기업, 찾아가는 동주민센터, 주민자치회 등 주민 참여를 위한 사업들은 많아졌는데, 주민들이 주체적으로 활동한다기보다는 관에 끌려가는 느낌이에요. 시민단체도 각종 공모사업에 끌려다니다 보니 인재 양성이 안 되고 있거든요. 시민들도 먹고살기 바쁘니, 남보다는 내 삶이 우선되고요. 스스로 만들어내는 자치활동이 거의 안 보여요."

인재 양성을 위해서는 자발적인 시민들의 자치학교와 활동이 전제가 되어야 한다는 생각에 전적으로 동의한다. 지방자치에 대한 기대가 컸던 그때와 달리 정치에 대한 혐오가 만연한 지금이 스스로 만들기 더 어려울 수 있기 때문이다.

그는 동대문신문사뿐 아니라 지역 주민자치위원장으로서 활동도 많다. "우리가 꽃길 사업으로 100만 원을 구에서 받아 동네 골목길을 가꿨어요. 일요일마다 새마을, 주민자치회 등 주민협의체 사람들하고 나왔어요. 이런 것들이 주민들과 관계를 만드는 것이라고 생각해요. 마실 축제와 꽃길 사업이 가장 기억에 남아요. 그렇게 주민들이 만나서 서로 연대할 수 있는 사업들이 많아져야 해요."

　지금도 꾸준하게 지역에 필요한 일들을 해내는 사람들이 있다. 그러나 현실 정치와 연결되어 있지 않으면 잘 알려지지 않는다. 박승구 대표를 만나면서 시민들의 생활 정치와 시민 자치활동을 알리고, 더 많은 시민의 자치활동 추동을 위한 지역 언론의 역할에 대해 다시 생각하게 했다. 지역 언론으로서 지역주민에게 필요한 정보와 문화를 제공하고 시민학교를 통해 민주시민으로서 역량을 키워내는 일, 쉽게 티가 나지는 않지만 사실 공기처럼 중요한 일이기 때문이다.

주민을 위한 쉼터 '우리동네연구소'

_오정빈 소장

이문동 래미안 2차 아파트 단지와 건물들 샛길로 들어서면 마을의 수호신인 보호수와 큰 통창으로 비추는 따스한 햇볕이 한 폭의 풍경화를 연상시키는 곳이 나타난다. 어디선가 낯익은 분이 우리를 먼저 알아보고 연구소 안으로 친절하게 안내한다. 낯이 익었던 이유는 4년 전 국회의원 선거 후보였기 때문이었다. 현재는 동네 사람들을 위한 활동을 계획하고 연구하며 실행하는 우리동네연구소 오정빈 소장이다.

우리동네 정화대 봉사단, 출동하다

"저는 우리동네연구소 소장 오정빈입니다. 연구소에서 3분 거리에 살고 있고 결혼을 해서 둘이 살며 오전 9시~10시쯤에 나와서 저녁 10시쯤 들어갑니다. 이곳은 동네 주민들을 위한 쉼터에요. 동네 주민 누구나 오셔서 이용하실 수 있고 모임 활동이 있을 때는 시간당 5천 원 정도 공간대여료를 받고 있는데, 대여료는 공과금으로 사용됩니다. 또 우리동네연구소 회원을 연구원이라고 부르며 연구원들이 모여서 봉사활동을 하고 동네를 위한 활동을 계획하고 연구하며 실행합니다. 그런 의미에서 연구소라고 짓게 되었습니다. 이 연구소 공간이 생긴 지는 2년 조금 넘었고 연구소 회원은 27명이며, 주민 회원 반, 지인 회원 반으로 구성되어 있고 20대~30대 청년들이 대부분입니다."

지금은 대표적으로 걷고 싶은 길이라고 해서 동네 화단 조성하는 일을 한다. 이름하여 '우리동네 정화대 봉사단'. 골목에 무단투기 쓰레기를 줍는 봉사활동이다. 이 활동은 연구소를 만들기 전부터 개인적으로 동네를 돌면서 시작한 활동이다. 3년 넘게 계속 활동하다 보니 회원들이 모여서 정화대 봉사단이 만들어졌는데, "쌓인 것만 치우지 말고 시설을 해보자" 해서 재떨이와 게시판을 설치했다. 설치 후 실제 무단투기가 줄어드는 효과가 있다고 한다. '우리동네 골목 1호점'이라고 이름 짓고, '2호점'도 만들었다. 또 다른 쓰레기 무단투기가 많은 곳에 화단을 만들었다. 담배꽁초가 많이 버려진 곳에 설치했고, 무단투기

●○ 우리동네연구소 오정빈 소장　○● 우리동네연구소 외관

가 심한 곳에는 화단을 조성해보니 주민들에게 인기도 있고 반응도 좋았다고 한다.

"쓰레기보다는 식물이라고 생각하게 되었던 것 같습니다. 몇 개 더 만든 화단이 소문이 나서 마을사업 제의도 받고, 철길 화단을 만드는 작업을 하게 되었습니다. 철길은 삭막하고 무단투기가 심한 곳이었는데, 지금은 1차 완료 되었습니다. 또 다른 활동으로는 동네 주민들과 동물복지 활동으로 유기견, 유기묘 센터에 한 달에 한 번 가서 봉사활동을 같이 하고 있고, 작년에는 동네잡지를 만들어 동네에 배포하는 활동을 했습니다."

화단은 동네에
관계회복이라는 식물을 심는 것

연구소라는 이름답게 선한 행동을 빨리 알리고 확산할 방법도 있을 것 같다는 말에 그는 '빨리'는 정답이 아니라고 한다.

"우리동네연구소 작품에는 이름과 SNS 주소를 조그맣게 한쪽에 써놓아요. 브랜드 이미지를 만들기 위해서요. 골목 1호점, 2호점으로 좋은 일을 체인점화 하는 것으로 생각합니다. 또 상징 같은 것을 조금씩 남겨놓으면 이것을 보고 사람들이 연구소를 방문해서 대화하고 연구원이 되기도 합니다. 이번 화단은 3개월 정도 걸렸어요. 수작업으로 사무실에서 시멘트로 벽돌을 만들어

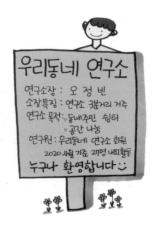

우리동네 연구소
연구소장 : 오 정 빈
소장특징 : 연구소 갖분거리 거주
연구소 목적 : 동네주민 쉼터
＋ 공간 나눔
연구원 : 우리동네 연구소 회원
2020.4월 기준 2명 내외활동
누구나 환영합니다 ♡

서 철길로 운반하고 조적, 미장해서 달고, 흙을 퍼서 붓고 하는 과정들을 동네 사람들과 같이했습니다. 동네 사람들 반응은 '좋다, 잘한다.' 칭찬을 해주시는 분도 있고, '길 좁아지는 거 아니냐, 위험하지 않으냐'는 걱정도 듣습니다. 그러다가 정이 들고 입소문이 나기도 합니다. 이런 활동들이 상징을 나타내는 것도 중요하지만, 인간과 인간 간에 호흡이 중요한 거 같아요. 시간 안에 결과를 빨리 내는 것보다 사람들과 대화하면서 천천히 이루어 나간다는 것이 중요하다고 생각해요."

화단을 철학적으로 말하자면 인간과 인간 간의 관계, 인간과 자연 간의 관계를 회복하는 것이다. 식물을 좋아하는 이유가 식물을 보고 희망을 느낄 수 있고, 식물에 대해 애정을 품고 사랑하게 되면 사회나 우리의 삶이 깨끗해지리라 여긴다고 한다.

우리동네 골목1·2호점과 철길 화단

"이 화단은 재개발 지역 폐벽돌을 이용해서 인간의 노동, 수작업으로 자원을 재생하고 언제든지 쓰레기도 좋은 것으로 바뀔 수 있다는 가치를 지닙니다. 식물은 아무것도 우리에게 얻지 못하지만 주는 기쁨, 또 자체만으로 우리에게 자연의 소중함을 주는데, 이는 모든 관계회복 측면에서 화단을 철학적으로 만들었기 때문입니다. 그래서 빠를 필요가 없다고 생각해요. 관계회복이 더 중요하니까요. 그런 의미에서 이런 일이 사람과 사람 사이로 자연스럽게 전해지고, 파생되는 거죠. 오히려 너무 빠르게 하려다 보니, 사회적으로 문제가 생긴다고 봅니다."

오정빈 소장은 개인 공원, 텃밭과 녹지를 집 앞으로 가져오는 것이 중요하다고 강조한다.

"같은 의미로 이곳에 온 지 4년 정도 됐는데, 이문동에 가장 절실한 것은 녹지라고 생각해서 화단을 조성하고 있습니다. 요즘 현대인에게 필요한 것은 마음의 안정, 여유와 쉼이라고 생각하는데 이문동은 녹지가 부족해요. 그래서 녹지를 집 앞으로 다가오게 하는 것은 굉장히 중요하다고 생각합니다. 지금의 도시화 현상은 한 공간에 대형화(큰 빌딩, 큰 공원 등)를 만드는 게 큰 주류의 흐름이었잖아요. 지금은 마을에 개인 공원, 텃밭이 있어야 한다고 생각합니다. 어릴 때부터 흙을 만지고 사는 환경, 뛰어놀 수 있는 환경이 되어야 한다고 생각해요. 녹지가 있으면 벤치가 놓이고 그렇게 쉼터가 되고, 잔디를 만들면 놀이터가 되거든요. 놀지 못하는 것은 녹지가 없어서이기도 해요. 그래서 앞에 있는 비술나무 두 그루가 너무 소중하고요. 보호수, 수호신이라서 우리 마을을 지켜줄 거로 생각하니 더 그렇습니다."

우리동네연구소는 우리 동네에 필요한 일을 찾고 만드는 사람들이 언제나 자유롭게 모여서 기획하고 휴식하며, 소통하는 공간이다. 오정빈 소장은 이곳을 다양한 모임과 활동이 이루어지는 쉼터로, 동네 사람 누구나 오가는 공간으로 만들고자 한다.

푸르른 녹지를 집 앞으로, 꽃과 나무를 주민들에게 안겨드리고 싶어 하는 오정빈 소장을 인터뷰한 후 나부터라도 작은 실천을 해봐야겠다고 생각했다. 마지막으로 〈인터뷰, 마을이음〉에 한마디를 부탁했다. "상생하는 언론으로 마을을 이해하고, 설명할 수 있는 미디어로 성장하길 바랍니다."

지역주민의 상생이 우리동네연구소의 푸르름과 함께 쭉 나아가길 기원한다. 그 상생의 현장에 〈인터뷰, 마을이음〉도 함께 할 수 있기를.

▶ **우리동네연구소**
· **주소:** 서울시 동대문구 이문로 16길 21 지층
  https://open.kakao.com/o/sUGulhJ(카카오톡 오픈채팅 '우리동네연구소'검색)
  https://www.facebook.com/wooridongnelab/
· **개방 시간:** 오전 10시~오후 10시

외롭지 않은
동네를 꿈꾸며

_ 문화예술단체 이문모아

"밥 때가 되면 솔솔 밥 짓는 냄새가 온 동네에 퍼져요. 그럼 밥을 올리고 아이 손 잡고 골목 어귀로 나가면 해가 뉘엿뉘엿 넘어가고 있어요."

2019년 드라마 〈눈이 부시게〉에서 김혜자 님이 가장 행복했던 때를 회상하며 했던 대사다. 어릴 때 놀던 골목과 엄마를 떠올리게 해주어 눈물이 툭 터졌던 기억이 있다.

뜬금없이 드라마 대사가 등장한 이유는 이번에 만난 주인공이 그 기억을 재소환했기 때문이다. 그는 놀랍게도 20대 청년이고, 이문동을 중심으로 문화예술 활동을 하는 단체 '이문모아'의 김보경 님이다. 그는 경희대에서 사회학과 지리학을 공부하고 있다. 게다가 동대문구 소재 청량초, 청량중, 휘봉고등학교를 다니며 동네 학교의 경험도 남달랐다.

"고등학교 때 인생이 많이 바뀌었어요. 거기서는 내가 공부를 열심히 하거나 잘해서 사랑을 받는 것이 아니라, 내가 나이기 때문에 사랑을 받을 수 있다는 걸 너무 진하게 느끼게 되었어요."

누가 무엇을 잘해서가 아니라 내가 '나'라서 사랑받을 수 있었다니…. 얼마나 멋진 일인가. 남은 인터뷰가 기대된다.

이문모아 김보경 님

내가 사는 동네가 좀 더 따뜻하고
외롭지 않은 동네였으면 좋겠다

그럼 지역 활동에 관심을 두게 된 계기가 무엇인지 물었다. "일단 개인적인 문제에서 시작된 것 같아요. 제가 외로움을 많이 타요. 도시 생활하면서 너무 외로웠거든요. 친구 관계와는 별개로 도시가 너무 삭막하게 느껴지고 사람들이 타인에게 관심을 잘 안 두는 것 같았어요. 나는 내가 사는 동네가 좀 더 따듯했으면 좋겠고, 사람과 사람이 좀 더 만났으면 좋겠고, 뭔가 했으면 좋겠다고 생각했어요. 그래서 외롭지 않은 그런 동네였으면 좋겠다는 바람이 점점 커졌어요. 어렸을 때 잠시 독일에서 살았는데, 한인사회가 따로 있다 보니 같이 모여서 밥 먹고 이사할 때 도와주고 그런 서로 도움이 일상적이었거든요. 그런데 한국에 오니까 너무 대비되더라고요. 특히 서울이 더 심한 것 같아요. 전 항상 사람과의 연결을 갈망해온 것 같아요. 예전에는 마음은 있어도 어디서 뭘

할지 몰랐는데, 학교생활을 계속 이 근처에서 하다 보니까 자연스럽게 '이문모아'로 연결되었고, 그래서 오랜 바람을 실천해보자 했습니다."

'외로움'에서 만들어진 활동의 동기가 너무나 공감된다. 필자도 외롭고 힘들 때 사람들이 서로서로 비빌 언덕이 되어주면 어떨까 생각했었다. 그렇지만 대학 4학년 스펙 쌓기에 전념해도 부족할 시간인데, 따뜻한 사회가 되면 외롭지 않은 동네가 미래에 대한 고민을 덜어주기는 힘들 텐데, 직접 행동으로 옮긴 이유를 물었다.

"현대사회가 너무 각박하다 보니까 연결되었다는 느낌도 없고, 혼자 부유하는 느낌을 많이 받아요. 주변 친구들 얘기를 들어봐도 너무 공허하고 무력하고 마을이나 뭐 사회에 불만이 있거나 바꾸고 싶거나 해도 나 혼자는 아무것도 못 할 것 같고… 그런 무력감이 느껴지거든요. '이문모아'는 그렇게 혼자 하기 힘든 무언가를 해 볼 수 있는 곳이에요. 모여서 무언가를 하며 조금씩 변화를 만들어가죠. 그래서 사람들과 만나고 모여서 뭔가 해 보려고 하는 것만으로도 내가 할 수도 있겠다는 자신감이 생기더라고요. 동네 사람들 모두에게 '모이세요. 사람들과 만나세요'라고 말 할 수 없을 것 같지만, 어…. 그래도 사람들이 앞으로 조금 더 사람들과 닿는 순간이 많아졌으면 좋겠다고 생각했달까요? 그래서 '이문모아' 활동에도 많은 관심을 가져주셨으면 좋겠고, 이문동에 사는 사람들이 이문동을 집 같은 공간으로 느낄 수 있도록 하고 싶었어요."

나와 생각이 다른 타인이지만
완전히 이해가 되는 경험

'이문모아' 활동의 성과로 느끼는 것은 무엇이 있을까? 그녀는 어떤 변화를 봤을까?

"예전에는 저와 비슷한 생각을 하는 사람들과만 얘기했던 것 같아요. 서로 비슷한 사람들끼리만 모이게 되니까 나랑 생각이 다른 사람들은 배제하게 되고 안 들으려고 하게 되더라고요. 그런데 '이문모아'는 정해진 정치적 성향이나 이념 등이 따로 없고, 다만 그 동네에서 뭔가 해 보고 싶은 사람들이 모이다 보니 다양한 의견을 들을 수 있어요. 사실 재개발을 바라보는 견해도 하나로 수렴된 것이 아니라 긍정적인 사람도, 부정적인 사람들도 있어요. 저도 처음엔 아주 낯설었는데, 계속 활동하다 보니까 나랑 생각이 다르다고 해서 그게 잘못된 게 아니라는 것을 느꼈어요. 이문모아에서는 회의를 자주하고 긴 시간 의견을 나누는데, 충분히 들으면 그의 입장을 충분히 이해하게 되더라고요. 무기력한 수용보다는 '아, 이 사람이 어떤 시각으로 바라보기 때문에 이런 생각을 하고 있구나' 하는 게 그냥 완전히 이해가 되는 경험. 제게는 큰 변화였어요."

그렇게 이문모아는 '이문동사진전'을 개최했고, 앞으로도 청년문화예술가들의 '이문동 비엔날레'를 준비하고 있다.

마지막으로 〈인터뷰, 마을이음〉 이라는 마을잡지가 해주었으면 하는 일이 있다면 무엇이 있을지 물었다. "내가 이상한 것인지 모르겠는데, 저는 항상 사람들의 구체적인 생애사가 궁금했어요. 그래서 이문동에서 생활하고 있고, 나는 이 사람을 모르지만, 잘 몰라도 누군가의 생애사에 대해 알았으면 좋겠어요. 생애사를 읽으면 '아, 이런 사람도 마을에 살고 있구나' 싶죠. 그럼 괜히 아는 사람처럼 느껴지고, 좀 더 가까워진 것 같고 그럴 것 같아요. 사실 한 사람 한 사람의 삶이 되게 다이나믹하고 한 편의 소설인데, 그게 기록되지 않는 게 너무 슬프더라고요. 평범한 삶도 기록될만한 가치가 있다고 생각하거든요.

김보경 씨를 만난 오늘이 나에게도 잊을 수 없는 풍경이 되었고, 특별한 날이 된듯하다. 이문동이 특별한 것이 아니라 내가 거기 있어서, 또 네가 거기 있어서 특별해지는 이문동. 그리고 '이문모아'다.

네 번째
이음

휘경동

수빈 박 씨의
역사가
깃든 곳

휘경동
Hwigyeong-dong
徽慶洞

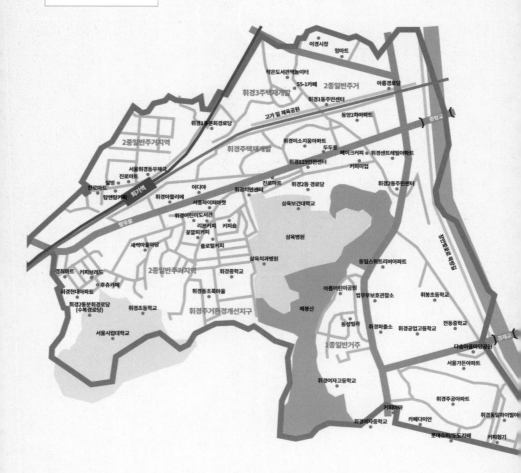

이경시장
정마트
작은도서관책놀이터
55-1카페
2종일반주거
아름경로당
휘경3주택재개발
휘경1동주민센터
고가밑체육공원
동양2차아파트
휘경1동분회경로당
2종일반주거지역
휘경주택재개발
휘경미소지움아파트
두두동
서울휘경동우체국
설빙
진로마트
휘경119안전센터
메이크커피
휘경센트레빌아파트
진로마트
탐앤탐스커피
휘경역
이디야
커피미업
휘경아뜰리에
서흥하이피마켓
휘경지안센터
진로마트
휘경2동 경로당
휘경2동주민센터
휘경어린이도서관
삼육보건대학교
리본커피
커피숍
새벽마을마당
꽃꿀피커피
플로랄커피
삼육병원
경희마트
커피브레드
삼육지과병원
동일스위트리버아파트
후츄카페
2종일반주거지역
휘경중학교
휘경현대아파트
아롱어린이공원
법무부보호관찰소
휘봉초등학교
휘경2동분회경로당
(수목경로당)
휘경초등학교
휘경동초록마을
전동중학교
배봉산
휘경주거환경개선지구
동상빌라
휘경파출소
휘경공업고등학교
서울시립대학교
1종일반거주
다솜마을마당공원
서울거든아파트
휘경여자고등학교
휘경주공아파트
커피바야
휘경일하이빌아
카페다미안
롯데슈퍼/도도기페
커피향기
휘경9여자중학교

휘경동이라는 공간의 성격을 나누는 중요한 포스트가 한 곳 있다. 배봉산이다. 이 배봉산을 중심으로 명문 휘경여중고가 있는 아파트 지역과 삼육병원 쪽(옛, 위생병원) 회기역 인근의 휘경1동 지역이다. 휘경여중고가 있는 지역에는 벌써 20여 년 전에 정비가 끝나 깔끔한 아파트 단지들(주공아파트, 동일스위트리버, 동일하이빌, 현대베스트빌, 동부센트레빌 등)이 즐비하고, 이곳이 과거에 어떤 곳이었는지에 대한 기억은 가물가물하다. 반면, 회기역(역 이름은 회기역이지만, 주소는 휘경동 소속이다) 주변의 휘경1동 지역에는 이곳의 역사와 함께한 '증언자'들이 여전히 건재해 있었다. 이들이 기억하는 휘경동의 1960~1970년대는 해방 이후의 독립운동을 기억하는 기업과 친일의 잔재, 급격한 개발과 발전의 후유증, 하지만 따뜻한 사람들이 모여 있던 곳이었다.

휘경동의
숨은 역사,
작은 기쁨, 깊은 슬픔

동대문구에서 나고 자란 필자에게 '휘경동'의 이미지는 약 30년 전의 기억으로 거슬러 올라간다. 당시 중학생으로 청량리동에 살던 내가 친구 집에 가던 길에 회기역과 구 휘경역(현재 외대앞역) 사이의 동네 한가운데서 맞닥뜨린 기찻길은 신기하면서도 큰 두려움으로 다가왔다. 그리고 기찻길 횡단보도 앞에서 열차가 곧 지나갈 것을 예고하는 경고음이 "땡. 땡. 땡." 울리면 사람들의 통행을 막는 (단지 긴 막대기에 불과했던) 차단기가 내려온다. 그때 가던 길을 멈춘 낯선 사람들이 한 무리가 되어 서로의 안전을 흘끔 챙기던 순간은 타인과의 유대감으로, 열차가 지나간 후 결국 모두 뿔뿔이 흩어져 버린 순간은 공허함으로 여전히 마음 깊은 곳에 아련히 남아있다.

그날 이후, 휘경동은 가깝고도 낯선, 정겹고도 조금은 무심한 이미지로 각인된 것 같다. 참 오랜 세월 동안 다양한 경험을 했음에도 불구하고, 동네 속 기찻길은 여전히 휘경동에서의 가장 강렬한 기억으로 살아 있다.

휘경동, 그 유래는 묘소

휘경동은 어떻게 그 이름으로 불리게 되었을
까? 이름의 유래를 한 눈에 알 수 있는 곳을 알
게 되었다. 그곳은 바로 휘경중학교 내, 표석만
이 쓸쓸히 자리를 지키고 있는 '휘경원 터'였다.

휘경원은 조선조 정조의 후궁이며 순조의 생
모인 수빈 박 씨의 묘소이다. 이곳 배봉산 아래
에 있던 수빈 박 씨의 묘는 1855년(철종 6년) 양
주군 순강원順康園의 우측으로 이장됐다가, 명당
이 아니라 하여 양주군 봉접면 부평리로 옮겨졌
다가, 결국 1863년 경기도 남양주시로 이장되
었다.

휘경원 터 표지석

수빈 박 씨는 1822년 순조 22년에 세상을 떠
났는데, 이에 순조는 양주군 배봉산 아래 휘경동 산 7~8번지를 묘역으로 정
하고, 묘소를 '아름다울 휘'에 '경사 경'을 써서 '휘경徽慶'이라 하였다. 이후 순조
가 세자를 데리고 자주 휘경원에 거동함으로써, 당시 한적한 마을이던 휘경원
일대는 세상에 널리 알려지고 이름도 '휘경원' 또는 '휘경리'로 불렸다.

휘경원 일대는 세월이 흐르면서, 소속과 이름이 여러 번 바뀌었다. 조선시대
에는 한성부 동부 인창방에 속하였으며, 1911년 경기도 경성부 인창면 휘경원

으로 불리다가, 1914년 고양군 숭인면 휘경리가 되었다. 1936년 경성부에 편입이 되면서 휘경정(徽慶町)으로 불리었고, 1943년에 동대문구에 속하게 되었으며, 1946년에서야 지금의 휘경동이 되었다. 1980년 7월 1일 인구의 증가로 면목동의 일부를 포함해 휘경2동이 분동되었다.

동서로 길쭉하게 자리한 휘경1동은 그리 넓은 지역이 아님에도 회기역 생활권과 외대역 생활권으로 나뉘어 있다. 회기역 생활권은 대학생들이 많은 지역으로 요즘 원룸 건물들이 많이 들어섰고, 외대역 생활권은 재개발이 한창 진행 중이다. 이 지역을 걷다 보면 여전히 골목 깊은 곳에서 어릴 적 보았던 수십 년 전 동네 풍경을 간혹 볼 수 있다. 원주민들이 지속해서 떠나고 있는 요즘, 주민들의 기억 속 동네 역사 이야기를 듣고 싶어 토박이 주민들과 만났다.

휘경동의 숨겨진 역사를 만나다

지역사회의 보안관으로 통하며, 휘경1동 주민센터 건너편에서 숯불바베큐 치킨집을 운영하는 김인재 통장님은 동네를 더 잘 아는 형님들을 소개 해주었다. 한 분은 1963년 이후 쭉 휘경동 주민으로 살아온 선병식 님이고, 다른 한 분은 1946년 출생 이후 지금까지 휘경동을 떠나 본 적 없는 곽경학 님이다.

선병식(1937년생) 님은 1963년에 충북 보은에서 서울 떡전교 근처로 이사와 휘경동에 정착했다. 1974년 공무원연수원에서 교육을 받은 후 마을의 첫 통장이 되었고, 휘경2동 서흥하이퍼마켓 근처에서 마을금고를

김인재 통장님

운영했다고 한다. 이 마을금고는 1986년에 도산하기
는 했지만, 1979년 당시 10억 원 이상의 자산을 운용
했던 굉장히 큰 마을금고였다.

롯데낙천대아파트 조합장을 하며 살기 좋은 아파트
만들기에 힘썼으나 IMF 시절 아들의 사업이 잘 안 되
는 바람에 아파트 입주는 하지 못했다며, 잠시 말을
멈춘다. 지나온 시간을 다 얘기할 수 없는 그의 얼굴
에 회한이 서린다.

선병식 님

독립운동가의 독립문 메리야스
vs 친일기업가의 태창 방직

마을과 함께한 자신의 역사를 담담히 소개한 후 선병식 님은 본인이 기억하
는 동네 역사를 기록해 놓았다며 작은 수첩을 펼쳤다. "제가 이곳에 왔을 때,
시립대 후문 쪽은 모두 논이었고, 위생병원(현, 서울삼육병원) 부근은 미나리꽝
(밭)이었어요. 그리고 회기역부터 중랑교까지 목재소가 10여 개 있었고, 현재
(주)독립문인 '독립문 메리야스'(PAT, 현재는 철거되고 청년주택이 지어지고 있다)와 경
희대 쪽 우체국 뒤편으로 '태창 방직'이 있었어요. 태창 방직은 염색하고 광목
을 짜는 공장으로 일제 강점기 때부터 있었다고 해요. 독립문 메리야스는 6.25
이후에 생긴 회사고요. 바로 그 목재소들과 공장들 때문에 오랫동안 개발이 늦
어졌지요. 목재소가 없어지면서 본격적으로 개발이 시작됐어요."

(주)독립문은 예전 평안엘앤씨(주)로 줄곧 휘경동에 본사가 있어, 매년 시즌이

끝날 무렵 몇 차례씩 회사의 다양한 브랜드의 의류 할인행사를 진행해서 지역 주민들에게 잘 알려져 있다. 그룹의 창업자인 월암 김항복 선생(1900~1970)은 독립운동가이자 교육자였던 조만식 선생의 제자로, 도산 안창호 선생과 함께 '흥사단'의 일원으로 독립운동에 힘쓰다가, 1937년에 서대문 형무소에 갇히기도 했다. 독립문을 보며 대한독립을 꿈꿨다는 의미로 1954년 독립문표 메리야스를 시작했다고 한다.

한편, 태창 방직은 세계적인 비디오 아티스트였던 고故 백남준의 할아버지가 고종 때 육의전에서 시작한 우리나라 최초의 대기업이었다고 한다. 태창 방직은 1950년 당시 태창 공업, 태창 직물, 태창 무역, 해전 직물, 대한문화선전사, 조선 기계 등의 계열기업군을 거느림으로써 '국내 최초의 재벌'이라 불렸다. 일제 강점기인 태평양전쟁 말기에 태창 직물은 만주지역에 직물 수출을 독점했다. 그리고 이승만 정권 시절에도 특혜를 누리다가, 결국 1964년 부정축재 처리 과정에서 전 재산을 국가에 헌납했다고 전해진다.

1969년 휘경동 건널목 참사

"1967년인가, 회기역에서 큰 건널목 사고가 있었어요. 기차가 버스와 부딪혀 버스가 파전 골목까지 밀렸지요. 그 후, 시조사 앞 도로가 철로 위로 건설되었어요. 교통편으로는 경기도와 이어주는 버스로 안성여객이 있었고, 지금의 신성아파트 단지 부근에는 강원도까지 왕래하는 금강운수도 있었습니다."

회기역 근처 건널목 사고는 당시 신문을 통해 더 자세한 내용을 알 수 있었다. 1969년 1월 8일 서대문에서 동대문까지 오는 안성 여객버스와 안동에서 서울까지 오는 기차가 충돌하여 17명이 사망하고 74명이 중경상을 입은 대형 사고였다.

선병식 님의 수첩에서 나온 꼼꼼한 기록들은 수십 년 전의 사람과 사건 그리고 배경이 실감 나게 그려지는 생생한 동네 역사였다.

당시 건널목 참사를 전한 신문 기사 (출처: 경향신문)

동네 자랑거리, 영신제

"이외에 동네 자랑거리로는 휘경동 영신제가 있지요. 1년에 한 번씩 동네의 안녕을 기원하는 제예요. 통장들이 준비해서 지금까지도 하고 있어요."

영신제는 음력 10월 2일에 주민들의 무병장수와 소원성취를 기원하는 제례의식으로 진행된다. 마을 사람들이 마을을 위해 직접 준비하고 진행하는 이러한 제가 치러진 것은 약 300년 전부터로 추정되지만, 정확하게 언제부터 시작되었는지는 잘 모른다. 휘경1동 제례위원회에서 소장하고 있는 '휘경동 영신제준칙'에서 그 유래를 살펴보면, 1967년 뜻있는 동민이 중심이 되어 194번지에 산제당을 건립하고 제를 지낸 것이 기록의 시작이다. 이문동 412번지(현, 이문동 천주교성당) 인근과 휘경동 187번지에서 제를 올린 기록도 있는데, 각각 택지공사와 철로공사로 중단됐다. 그리고 2004년부터 주민센터 내에 휘경정(팔각정)을 건립하여 제를 올리고 있다. 현재 영신제는 휘경1동 통장협의회 주관으로 준비하고, 동대문구의 예산지원과 자발적인 후원비로 운영된다.

●○ 영신제를 찾은 동민들　○● 영신제 현장에서 제를 올리다

휘경1동 주민센터 앞 도로는 원래 개천

　곽경학 님은 1946년 휘경동에서 출생하여, 줄곧 이 동네에서 살아왔다. 청량국민학교를 졸업한 후, 흥국직업소년학교를 다녔다고 한다. 흥국직업소년학교는 당시 대학생들이 집안 사정으로 정식 중학교에 진학을 못한 아이들을 모아 공부를 시킨 곳으로, 우리나라 독립을 위해 애쓴 공로로 현재 현충원에 모셔진 스코필드(석호필) 박사가 함께한 학교이다.

　"내가 어릴 적, 동네에 개천이 있어서 광목쪼가리 살짝 걸치고 놀았어요. 지금 경희대, 당시 신흥대학에서 물이 흘러내려 기업은행 앞에서 반으로 갈라졌는데, 한 줄기는 PAT((주)독립문) 방향으로 가고 한 줄기는 낙천대 아파트 앞쪽으로 흘렀지요. 1950년대에 신흥대학 시절에는 번듯한 건물 하나 없이 천막을 치고 대학생들이 공부했어요. 저도 거기 가서 공도 차고 했어요. 교통편으로 안성여객이 중랑교까지 이어지면서 외국어대학교가 생기

곽경학 님

고 길이 났어요." 그는 마치 당시 동네의 주요 장소들을 지도로 그려내는 듯 말했다.

신흥대학은 해방 후 일제 청산과 민족 정통성 회복을 위한 민족교육을 위해, 이시영(초대 부통령)이 신흥무관학교의 교명을 그대로 따서 1947년 종로구 수송동에 설립한 신흥전문학원에서 출발한다. 1949년 대학으로 승격되고, 한국전쟁을 즈음하여 이사진이 변경된 후, 1954년 회기동에 캠퍼스가 마련되었다.

1970년대 복개천이 되면서
천막집들도 없어져

"1960년대부터 이 일대에 사람들이 모여들기 시작했는데, 그러면서 철길과 냇가 주변으로 판잣집과 천막집들이 많이 생겼지요. 그때는 철로에 방음벽 같은 안전장치가 없고 그냥 뚝방이었어요. 아이들이 놀다가 기차에 치여 죽기도 하고, 또 비가 오면 자주 잠기곤 했어요. 결국 냄새가 심하게 나고, 사고도 나고 해서 1970년대에 복개했지요. 이 동네 건물들이 작은 이유가 밑에 물이 있어서 그래요."

당시 개천 주변에 천막들이 많아지면서 악취가 심해졌다. 또 기찻길 사고도 빈번해 천막에 살던 사람들을 내보냈는데, 청계천 거주민들은 옥수동으로, 여기 살던 사람들은 상계동 쪽으로 많이 넘어갔다.

재개발로 80년 산 집을 떠나야

곽경학 님은 동네에 대한 다양한 기억을 쏟아냈다. "나는 태어나면서 지금까지 휘경1동 ○○호에 여태 살아요. 부모님도 여기서 돌아가셨고요. 이 동네는 논밭도 많았고 늘 물이 차서 연꽃 밭도 있었는데, 지금은 다 아파트로 변하고 우리 동네만 남았죠. 그런데 여기도 아파트를 짓는다고 하니 어디다 하소연 할 수도 없네요. 나 혼자 반대한다고 빠질 수 있는 것도 아니고, 태어나 지금까지 부모님 모시고 살아왔던 집을 이제 떠나야 한다고 생각하면 정말 답답해요." 계속 즐겁게 이야기하던 그의 표정이 갑자기 침울해졌다.

재개발이 원주민을 위하는 사업이 되어야 하는 데 그렇지 못해서, 어릴 적 한동네서 함께 놀던 삼사십 명쯤 되는 친구들이 이제는 네 명밖에 없다고 했다. 모두 생업이나 집이 없어져 고향을 떠날 수밖에 없는 상황이었다며 애꿎은 손만 탁탁 내리쳤다.

"박정희 때부터 샷시 금형을 했어요. 금속 부품 만드는 일을 아직도 하고 있는데 지금은 치과에 들어가는 부품을 만들어요. 1969년부터 해오는 일이니, 이제 50여 년이 됐네요. 이날까지 살면서 더 이상 큰 바람은 없어요. 다만 마지막 남은 소원이 있다면 지금 집에서 살다가 죽고 싶을 뿐이에요." 헛웃음을 지으시며, 인터뷰를 끝맺었다. 어떤 위로의 말을 해야 할지 몰라, 나는 그저 고개만 함께 끄덕일 뿐이었다.

곽경학 님 뿐만 아니라 이번 취재로 만난 여러 주민이 재개발이나 집값과 관련된 문제로 걱정이 많았다. 한동안은 서울의 다른 지역에 비해 집값이 저평가됐다는 생각에 화병이 났다. 그런데 동대문구 부동산 가격이 가파르게 오른 지금은 사는 집을 팔아야 할지 말지, 또 그냥 살자니 돈 벌 기회를 놓치는 건 아닌지 불안해 한다. 동네가 지저분해서 재개발을 적극 찬성했다가도, 막상 시공사가 정해지고 본격적인 재개발이 시작되면 감당해야 할 분담금에 좌절하고 입주를 포기하는 일도 비일비재했다.

공간은 삶과 직접 연결된다. 하지만 삶의 공간이 공기처럼 익숙해지면 사람들은 그 공간을 통해 얻는 가치에 눈을 돌리게 된다. 익숙함을 잃어버리는 상황에 이르러야 익숙한 일상의 공간에 대한 가치가 드러나는 것이다. 소중한 것의 가치는 눈앞에서 없어질 때 비로소 나타나는 삶의 아이러니에 연민과 안타까움이 느껴진다.

휘경동 건널목 참사, (지금은 없어졌지만) 회기역에 있는 독립운동가가 세운 독립문 메리야스, 정경유착의 표본이었던 태창 방직 등 동네의 숨은 역사는 놀라움과 재미뿐만 아니라 지금도 쌓여가는 휘경동 역사를 돌아보게 했다. 개천에서 도로로, 천막에서 주택으로, 주택에서 아파트로, 점점 빠르게 변하고 있는 지금을 나중 사람들은 어떻게 기억할까.

(＊이 인터뷰는 2018년에 진행한 인터뷰이다.)

'명당' 휘경동은
교육 1번지

_ 배봉산 숲 해설가 박정희 님

60년 지기 배봉산 친구

휘경2동은 배봉산을 기준으로 삼육병원 생활권과 휘경여중·고 생활권으로 나뉜다. 삼육병원에서 배봉산을 넘어가면 동성빌라로 대표되는 마을이 있다. 이 마을은 배봉산을 등에 지고 앞에 중랑천이 흐르고 있는, 배산임수背山臨水의 전형적인 곳이다. 이런 명당에 살면서 배봉산 숲 해설가로 활동 중인 박정희 님을 만났다.

박정희 님은 세 살이었던 1960년경에 독립문 메리야스PAT 본사 근처로 이사 온 이후 동대문구에서 60년째, 휘경동에서만 25년째 살고 있다. 그때는 망우로가 하천을 끼고 있어서 많이 놀았고, 우마차가 다녔던 것을 기억했다. 어렸을 때 서울시립대 농대에서 '서리'라는 것을 해보고, 젖소를 키우는 곳에 주전자를 들고 가서 우유를 짜 오기도 했다고 한다. 지금은 나무 데크 둘레길이 있어 편하긴 하지만, 지금 보다는 한산했던 배봉산을 넘나들며 놀 았던 어린 시절 추억을 떠올린다고 한다.

박정희 님

당시 배봉산 아래 동성빌라는 꽤 고급 빌라였다. 1984년 분양할 때 당시 건너편 현대아파트가 3,800만 원, 동성빌라는 5,500만 원이었다. 그래서인지 모 방송국 아나운서도 살았고, 그 외에도 교수나 기업가 등 유명한 사람들이 살았었다. 박정희 님도 동성빌라에 입주해서 한 10년은 이웃들과 모여 음식도 같이 해 먹고, 재미있게 지냈다. 그러나 원주민들이 하나둘 이사 가고, 새로운 입주자들이 젊어지면서 이웃 간에 공유하는 문화가 없어진 것 같다고 말한다. 왜 그곳에서 계속 사시느냐고 물었다. "배봉산이 가장 큰 이유 아닐까?", "이젠 우리 아들들이 이곳을 너무 좋아해서 이사 가지 말자고 해", "나는 육십 평생을 배봉산 둘레를 한 바퀴 돌아가며 살았어요". 마치 오랫동안 함께 한 반려자를 이야기하듯 그녀는 배봉산에 관해 말했다.

아이들과 어른들이 함께 행복한 마을

"전동초등학교 앞에서 피아노 학원을 했었고, 서른이 넘어 결혼해서 잠깐 쉬었다가 다시 현대아파트 상가를 매입해서 일을 시작했어요. 한 5년 정도 열심히 일해서 매입할 때 진 빚을 갚고 쉬게 되었어요. 그때 붓글씨를 배워 자격증도 따고 새마을부녀회에서 하는 도서관 자원봉사도 오래 했는데 교회일이 너무 많아서 그만뒀어요. 이후에 무언가 나한테 맞는 봉사 활동을 고민하다가 배봉산을 생각하게 되었어요. 그래서 생명의 숲이라는 단체에서 숲 해설을 배웠죠. 그러던 중 동대문구청 숲 해설가 양성에 참여해서 '배봉산 숲 지킴이'에 '숲 해설가'에 '마을 교사'까지, 현재는 동대문구 혁신 교육의원으로 활동하고 있지요"라며 웃었다.

"옆 동네 면목동 복지관에서 방과 후 어르신들과 공부방 아이들 각각 10명씩을 짝지어 텃밭 가꾸기를 했는데, 이를 매개로 자살 예방 교육에 5년째 참여하고 있고요. 어르신들은 새로운 세상을 살게 되었다며 좋아하시는데, 장소 문제로 텃밭 가꾸기 활동이 불투명하게 되었어요."

부동산 가격 폭등에 치유를 위한 공간조차 마련하기 어려워 답답해하는 그녀의 말에 마음이 무거워졌다.

스스로 선택하고 책임질 준비를 안내하는
지역교육 활동가

박정희 님이 사는 동네는 6개의 초·중·고등학교가 옹기종기 모여 있는 교육의 동네다. "31, 33세의 아들 둘이 있어요. 나는 내 일을 열심히 했고, 아이들은 반 방목하며 키웠어요. 한마디로 자유롭고 스스로 할 수 있게 믿었던 거지." 하며 웃는다. 느리더라도 스스로 선택하고 판단할 수 있어야 어떠한 선택도 책임질 준비를 할 수 있으므로 부모는 느리더라도 불안해하지 않고 기다려 주어야 한다고 덧붙였다. 당신의 두 아들도 자신의 길을 개척하며 잘 살아가고 있다며 자식 이야기를 할 때는 자랑스러움이 뚝뚝 떨어졌다.

"요즘 동네에서 아이들 노는 거 보기 힘들잖아요. 아이들이 놀면 어른들이 시끄럽다고 소리를 질러요. 함께 살아가는 동네라면 아이들이 마음껏 놀 수 있도록 어른들이 보살펴주는 문화가 생겨야 한다고 생각해요."

한 사람 한 사람이 노력하고, 구청에서도 노인과 어린이가 함께 할 수 있는 프로그램이 많아질 수 있도록 조례 같은 것을 만들었으면 좋겠다며, 아이들이 행복하게 자라는 마을의 지역교육 활동가다운 모습을 슬쩍 보여준다.

(*이 인터뷰는 2018년에 진행한 인터뷰이다.)

인생술집,
회기역 파전골목

_ 휘경동 토박이 곽경학 님, 김인재 님 그리고 회기동 사람들

'경희대 파전골목'으로 알려진, 회기역 파전골목이 있다. 그런데 회기역 파전골목은 사실 '휘경동'에 있다. 그래서 휘경동 사람들은 이 골목을 자신들의 '나와오리'(당신이 생각하는 그 일본어 단어 맞다) 이렇게 부른다.

〈숨통〉이라는 회기동 마을잡지를 발행하고 있는 '회기동 사람들'을 휘경동과 회기동의 접점인 회기역 파전골목에서 만났다. 그들과 마을에 대한 이야기를 나누기 위해서였다. 회기동 사람들은 대학생, 직장인, 지역주민 등 다양한 배경을 가진 사람들이 모여 활동하는 회기동 청년단체다. 이들은 골목

회기역 파전골목

상인, 주민들과 함께 마을매거진 〈숨통〉을 제작하고, 회기동 골목 축제 개최 등 지역을 위한 다양한 프로젝트를 진행한다.

'비 오는 날 파전'은 여전히 진리

입구의 회기역 파전골목 기둥은 건재했으나, 파전골목의 번영은 예전 같지 않았다. 입구에는 고기집이나 치킨집 등이 자리 잡고 있고, 파전집은 대부분 골목 깊숙한 곳에 자리 잡고 있었다. 세어보니 노천, 낙서, 이모네, 버드나무, 솥뚜껑, 온달… 정말 몇 곳 안 된다. 그래도 비 오는 날은 이 골목의 파전 집마다 줄이 늘어선다. 비 오는 날, 파전에 막걸리는 구세대에게도, 신세대에게도 아직 진리인가 보다. 이 파전골목에서 휘경동, 회기동의 시간 기억을 맞춰보기 위해 휘경동의 동네 역사에 대해 인터뷰했던 휘경동 토박이 곽경학 님과 김인재 님을 초대했다.

원조는 나그네 파전

"파전골목은 나그네 파전이 원조예요. 그 원조를 만드신 어머님이 돌아가시고, 자손들이 하다가 불이 한 번 크게 나고, 현재예요. 60년도엔가 생겼어요. 젊어서는 많이 왔는데, 지금은 여기까지 오지는 않아요. 그때는 여기 나오면 영화관도 있고, 좋았죠." 김인재 님은 섭외 당시 "내가 더 무슨 할 말이 있을까?" 했는데, 앉자마자 파전집 이야기가 술술 나왔다.

회기역 앞 대영극장

곽경학 님은 6.25가 막 끝난 어려운 시절을 아주 즐거운 시간으로 회상했다. 그 시절이 사춘기 시절인데 가장 기억에 남고 행복했던 시절이며, 이곳에서 많은 시간을 보냈다고 한다.

"예전에는 많이 왔었는데, 오랜만에 와 보네요. 근처에 버스 종점들이 있다 보니 버스 안내양들이 많았어요. 내가 젊었을 때 인기가 좋았지. 에리(양복 깃) 멋지게 만들어 달라 해서 맞춰 입고, 가방 하나 들고 나서면 경희대 학생인 줄 알았거든. 대학생들하고 싸우다가 개천으로 밀어서 빠뜨리기도 하고, 여하튼 재미있었어요."

"서영춘 씨가 공연하러 여기 왔을 때 친구들하고 갔었는데, 친구들하고 꽃다발을 목에 걸어줬다가, 잠시 뒤에 장난으로 뺏어서 다른 사람한테 걸어줬더니, 이런 경우는 또 처음이라며 막 웃겨줬어." 곽경학 님의 회기역 주변 에피소드는 마치 오래된 흑백TV를 보는 느낌이다.

"그럼 대학생들도 여기까지 와서 술을 마셨나요? 우리 아버지가 1959년생이고 경희대 다니셨는데, 그때는 술집은 거의 없고 분식집만 있었다고 하셨거든요." 회기동 사람들 김재은 님은 아버지 시대와 곽경학 님의 시간을 맞춰본다.

"맞아. 예전에 대학생들이 술을 먹기나 했나. 돈도 없었을 테고, 공부하느라 술 못 먹었지. 나는 18살 때부터 돈을 벌었거든. 채원빌딩에 대영극장이 있었고, 근처 공터에서는 서커스 공연도 했어요. 그때는 길이 지금처럼 시조사 앞으로 해서 중랑교로 이어진 것이 아니라, 이 길에서 건널목을 건너도록 길이 나 있었거든."

"극장이 있었다고요? 그런 얘기는 처음 들어요. 길도 회기역 앞길이 대로였다니, 우리 집도 건널목 앞에서 오래 살았는데, 전혀 몰랐어요. 학교에 가서 옛 사진이 남아있는지 찾아봐야겠어요." 회기동 사람들 김윤식 님은 익숙한 장소의 낯선 이야기에 놀라워했다.

피난 갔다 와보니
집 한쪽이 무너져 있었어

곽경학 님의 선명한 기억 덕분에 우리는 한국 근현대사를 마주한 느낌이었다. "비만 오면 여기가 상습적으로 침수됐었는데, 우리 동네(휘경동 1호선과 중앙선 사이 높은 지대)만 지대가 높아 안 잠겼었어. 사람이 아주 많이 살지는 않았지만, 거지 굴도 많았지. 한국전쟁 때 이승만이 다리 끊어놓고, 저만 도망가는 바람에 우리는 너무 어렵게 안성으로 피난을 갔었어. 인천상륙작전 이후에 미군이 서울에 못 들어오게 막는 것을 한강의 물길잡이에게 돈을 주고, 물길을 걸어 한강을 건넜어. 집으로 돌아와보니 초가집 한쪽이 폭격으로 무너져서 다시 세워서 살았지. 신설동에는 미군들의 비행장이 있었는데, 정찰기들이 왔다 갔다 했어."

이외에도 곽경학 님은 자신의 소소한 과거를 정신없이 풀어낸다. 해병대에서 간첩을 잡았는데, 제대한 이틀 뒤에 김신조 간첩이 들어왔었다는 뉴스를 들은 이야기. 외판원 시절 IMF때 중국에 가서 북한 식당을 갔었는데, 미행이 붙었다는 이야기. 그때 북한 식당에서 먹었던 평양냉면은 맛이 없었다는 이야기. 그리고 힘이 남아있는 한 지금 하는 금형일을 계속할 것이라는 이야기까지. '대한늬우스'의 파노라마는 끝없이 펼쳐졌다.

인생술집 '회기역 파전골목'

파전골목과 회기역 주변과 이어진 삶들. 그들이 말하는 삶의 기억은 힘들었지만, 쓸쓸하지 않았고, 가난했지만 따뜻했고, 괴로움이 있었지만 동시에 즐거움도 있었다. 청년세대인 회기동 사람들 또한 할아버지께 듣는 옛날이야기 같으면서도 지금 여기에서 있었던 일들이기에 너무 신기해했다. 시간, 시절, 환경이 변했다. 사람도 많아지고, 그때보다 부유해지고, 할 일이 많아졌고, 모든 것이 빨라졌다.

같은 공간에 사는 다른 시대를 경험한 삶을 나눠 본 오늘. 회기역 파전골목은 그렇게 1960년대의 청년들과 2020년대의 청년들의 인생술집이 되어 있었다.

●○ 파전골목에서 듣는 파전골목 이야기   ○● 인생술집에서 인생을 나누다

청량리

청량리의
재발견

청량리동
Cheongnyangni
-dong

清凉里洞

청량리시장 지도

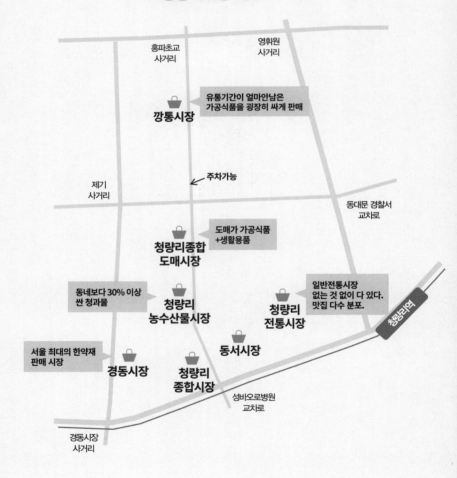

홍파초교
사거리

영휘원
사거리

유통기간이 얼마안남은
가공식품을 굉장히 싸게 판매

깡통시장

제기
사거리

주차가능

동대문 경찰서
교차로

도매가 가공식품
+생활용품

**청량리종합
도매시장**

동네보다 30% 이상
싼 청과물

**청량리
농수산물시장**

일반전통시장
없는 것이 다 있다.
맛집 다수 분포.

**청량리
전통시장**

청량리역

서울 최대의 한약재
판매 시장

경동시장

**청량리
종합시장**

동서시장

성바오로병원
교차로

경동시장
사거리

1980년대 후반, 필자의 중학교 시절 기억 속 청량리는 사람들이 북적거리는 동네였다. 당시 청량리는 구리시, 남양주시, 양평군, 가평군 등 경기 동부지역에서 오는 수많은 버스들의 종점이었고, 강원도로 여행을 떠나는 사람들의 출발지였으며, 대규모의 시장들(동서울 청과물시장, 수산시장, 경동시장)의 집결지였다. 서민들은 청량리에서 다양한 형태로 돈 벌 기회를 가졌고, 저렴하게 허기를 달랠 수 있었다. 청량리는 수없이 많은 사람들에게 인생의 기회를 제공했고, 욕망을 해소하는 돌파구를 제공해왔다.

현재, 청량리는 지난 20년여 간 사람들이 묵혀온 욕망의 찌꺼기를 한번에 청소하고 재탄생을 눈앞에 두고 있다. 매일 엄청난 사람들이 청량리 뉴스를 검색하고, 찾아본다. 30년 전과는 비교할 수 없는 대중적 관심과 투기 욕망이 청량리를 끓어오르게 하고 있다.

인적, 물적 유통의 살아있는 전설인 청량리가 가진 '역동성'이라는 본질적 특성은 그 지역의 역사를 기억하게 하기보다 '새로움'에 본능적으로 반응하게 하는 것 같다. 그래서 우리는 역설적으로 이번에 청량리의 '과거'에 관한 이야기를 해보려고 한다. 새로움의 이미지로 과거의 부끄러움을 애써 외면하고 미래만을 얘기하기보다, 그 시대를 그렇게 살 수밖에 없었던 사람들의 과거를 이해하고 기록하고 싶기 때문이다.

이번 이야기는 지금까지 청량리에서 잘 살아왔고, 앞으로도 그곳에서 잘 살 것 같은 사람들의 기억에 관한 이야기다. 설령 그 기억이 다소 과장되거나 미화되었다고 해도, 우리는 그 기억을 존중하기로 했다. 그 감정에 대한 기억 모두 청량리의 역사이고 우리는 역사적 사실보다는 그 대상에 대한 감정의 영향을 받는 존재이기 때문이다.

청량리,
이름의 기원을 찾아서

청량리동의 유래는 지역에 위치한 절인 청량사淸凉寺에서 유래했다고 한다. 청
량사가 있던 곳이 수목이 울창하고 맑은 샘물이 흐르는 데다가, 남서쪽은 트여
있어 늘 청량한 바람이 불어 '청량'이란 이름이 붙게 되었다고 한다. 청량사는
동대문구 청량리 천장산 남쪽 기슭에 자리한 청량도량 비구니 사찰이다. 1895

●○ 청량사 무량수전 ○● 옛 청량사 모습, 1911년경

●○ 1899년 청량리까지 개통된 전차 ○● 동대문 앞 전차

년 명성황후가 시해된 이후 홍릉이 세워지자, 그 자리에 있던 청량사는 현재의 위치로 오게 되었다.

구한말의 역사를 품고 있는 청량사는 앞쪽은 한신아파트가, 뒤에는 천장산이 있어 숨어있는 모양새였다.

"청량사는 가을이 너무 좋아요. 느티나무가 커서 고즈넉하니 감싸주는 것 같습니다. 제가 청량사에 온 지 40여 년 됐는데, 환경이 참 많이 바뀌었어요, 예전에는 달동네였는데, 물도 제기동에서 여기까지 길어다 먹을 정도였습니다. 아주 옛날에는 사람들의 휴식처, 피서지가 되기도 했고, 밥 먹고 살기 힘든 시절 한 끼 식사를 나눌 수 있었고요. 보육원은 아니었지만, 아이들을 키우기 힘든 부모님들이 맡긴 아이들을 함께 키우며 정을 나누기도 했지요."

청량사 총무스님의 이야기를 들으니 청량사는 예부터 그렇게 자연과 사람과 살아있는 모든 것의 슬픔과 기쁨을 아우르는 엄마 품처럼 느껴졌다.

청량리동은 예나 지금이나 사람들이 많다. 왜 그렇게 사람들이 모이게 되었을까? 자료를 찾아보니 교통수단의 발달로 각종 생필품을 살 수 있는 시장이 형성되었기 때문인데, 그 시작은 명성황후의 국장이 있던 1897년이었나 보다.

홍릉이 설치되고 고종·순종의 잦은 능행이 있었기 때문에 청량리 일대는 너른 길이 만들어지기 시작한다. 또 1899년 5월 18일 우리나라 최초의 전차가 청량리까지 통하게 된다. 1939년부터 1971년까지 사철로 운영되던 경춘선의 시발역인 성동역이 사라지고, 철도가 국유화되어 청량리역으로 합쳐진 후 한국전쟁 때 파괴된 청량리역은 1959년 11월 16일 신축 역사를 준공했다.

이후 1974년 지하철 1호선이 개통되면서 청량리 일대는 부도심으로서의 위상을 갖게 되었다. 더불어 중앙선·경춘선 등 동북부 지역을 연결하는 철도망이 건설되면서 서울과 한반도 동부지역을 잇는 교통의 거점으로 부각되었고, 주변 지역에서 생산된 청과물과 영동 산간 지역에서 채집한 약재들을 거래하는 청량리시장·경동시장·약령시장 등의 국내 최대 종합시장이 발달했다. 1979년 청량리역 광장 시계탑 주변으로 사람들이 빼곡했다. 1990년대까지 있었지만 지금은 사라진, 시계탑 주변에서 동료나 동기들과 만나 경춘선을 타고 갔던 MT의 추억을 떠올리는 사람이 한둘이 아닐 것이다.

최초이자 최대였던 청량리 종합시장은 1948년에 제1호 서울시 종합시장으로 명명됐다. 지금도 청량리시장에 들어서면 사람들로 북적인다. 오가며 서로

●◦ **1959년 청량리 역사 준공식**(출처: 동대문구 기억여행) ◦● **1979년 청량리역 광장**(출처: 시정일보)

●○ **옛 청량리시장**(출처: 동대문구 기억여행) ○● **2021년 청량리역**

치이지만 같은 돈으로 더 좋은 물건을 더 많이 살 수 있어 시간 가는 줄 모르고 구경하는 곳이다. 사람들은 청량리동이라 물도 좋고 바람도 좋지만, 시장도 좋고 교통이 좋아 이 동네를 떠날 수 없다고 한다.

"물가가 싸요. 청량리는 뭐 완전 도매값이라서…. 하여튼 비싸 가지고 외부에 나가서 사 먹지를 못해. 여기 물가가 싸고 또 살기 편하죠, 경동시장하고 청량리시장 이렇게 있으니까. 성동역에는 춘천 쪽에서 오다 보니까 나물 같은 게 많이 나오고. 청량리시장은 뭐 여러 가지 복합적으로 다, 생필품을 다 파는 데였고…." 청량리동에서 나고 자라 70여 년을 살아온 박춘식 통장님이 말하는 청량리동의 역사는 살아 움직이는 듯하다.

청량리 일대 조감도(출처: 동대문구청)

사통팔달의 청량리는 또 변신 중이다. 재개발이 진행되며, 60층이 넘는 고층 빌딩이 들어서고, 청량리역은 GTX(광역급행철도)가 개통된다는 소식에 집값도 천정부지도 오른다. 재개발로 청량리의 옛 모습을 기억하는 사람들은 하나둘 떠나고, 그때 그 시절을 그리워하고 아쉬워한다. 그들이 떠난 자리에 들어오는 새로운 사람들은 어떤 역사를 만들어갈까.

청량리의
숨겨진 이야기들

_ 청량리동 통장협의회 박춘식 회장

청량리동 통장협의회 박춘식 회
장님을 만났다. 회장님의 영업장
인 하나로주방인테리어 가게로
찾아갔다. 손수 커피와 생강차를
내주신다. 박춘식 회장은 67세
로, 2003년도부터 1년 6개월만
빼고 통장을 맡아왔다. 그 긴 세

박춘식 회장

월 통장을 수행하는 특별한 이유를 물었더니, 교과서 같은 답이 돌아왔다.

"주민을 위해 봉사한다는 마음이 크죠. 이 동네가 고지대라서 도움이 필요한
어르신들이 많고, 날씨에 따라 할 일도 달라지고 참 할 일이 많아요. 동네일을
찾아다니면서 해서 그런지 주위에서 많이 추천하셔서 계속하고 있는 거죠."

청량리동의 반백 년
역사 속의 변천사

"이 동네는 거의 대부분 판자촌이었어요. 물도 멀리 떨어진 영휘원 앞 삼거리 펌프에 가서 길어다 먹었는데, 나라에서 판잣집들 없앤다고 이사 가라면서 이것저것을 했어요. 자다 보면 지붕만 뜯어가 버려서 하늘을 천장 삼아 산 적도 있었지." 그때 용역은 낭만적이었나 보다. 조심스레 벽은 놔두고 바람은 막아 줄 테니, 하늘을 지붕 삼으라니…. 지붕만 뜯어가기 참 힘들었을 텐데.

학교는 청량리초등학교를 졸업했다. 휘경동 토박이 곽경학 님이 얘기한 그대로 신흥대학에 가서 공 차고, 중랑천 가서 멱 감고, 회기역 근처 당시 번화가에서 많이 놀았다고 한다. 성장해서는 다양한 집수리 관련 일을 하였고, 1979년도에 주방설비를 시작했다.

청량리동은 사람들도 너무 좋아 정말 살만한 동네인데, 재개발을 두고 찬반으로 갈라져 힘들었다고 한다. 2009년 조합이 설립된 청량7구역 재개발은 아직 진행 중이다. 지금도 갈등은 어느 정도 존재하지만 다른 동이나 구에 비해 청량리가 뒤쳐져 있어서 동네가 깨끗해지고 주차난이 해결되면, 동대문구 세수도 늘어나 전체 구민들에게도 혜택이 돌아갈 수 있을 것이라 생각하면서 희망적 기대를 숨기지 않는다.

유명했던 청량리 정신병원도 1945년 8월 청량리 뇌병원으로 개원하여 70년 정도 운영되다가

청량리 정신병원(출처: 탑스타뉴스)

2018년 3월 31일 폐원되었다. 언덕 높은 곳에 있는 노인복지관이 그 자리로 옮겨졌으면 좋겠는데, 리모델링도 해야 하고 돈이 많이 필요하다며 그는 걱정이 많았다.

동네와 동네를 잇는
순환버스 노선이 생겼으면

장보기는 주로 재래시장에서 하니 생활비는 적게 든다. 운동은 몇 년 전 만들어진 홍릉근린공원에서 한다. 둘레길이 아주 잘 조성되어 있기 때문이다. 이 둘레길을 천장산까지 연결하기 위해 16억 원의 예산이 책정되었고, 공사가 진행 중이다.

불편한 것은 동대문구 관내 버스편 이용이 번거롭다는 점이다. 최근 경기도로 넘어가는 버스노선 201번이 하나 생기긴 했다. 그러나 동대문구 내를 이동하려면 청량리역 앞에 가서 환승해야 다른 동네로 갈 수 있다. 청량리, 제기동, 회기동, 전농동, 이문동, 용신동, 답십리, 장안동, 휘경동 등 관내 동네와 동네를 잇는 순환버스 노선이 생기기를 바랐다.

그는 외식은 잘 하지 않지만 회식을 하면 왕도갈비, 삼보숯불갈비, 동강오리 식당을 간다. 특히 동강오리는 청량리동 주민센터 근처의 맛집이라 자주 간다. 오리백숙도 일품이다. 맛도 좋고 가격도 저렴하고 후식도 고를 수 있고, 반찬도 정갈하고 다 맛있다.

평생을 간직한 군대 후일담 속 갈비탕

예전 1960년대에는 말마차가 이동수단이었고, 서울대학교 문리대가 있었던 미주상가 A동에 삼륜차 주차장이 있었다. 살면서 가장 재미있는 일은 군대 갔을 때 동기와의 후일담이다. 1973년 입대한 군대는 벽제에 있는 2군

50년 역사의 홍릉갈비집 본점(출처: 홍릉갈비집 홈페이지)

수 사령부 병참대대였다. 물자를 대는 보급부대였는데, 거기에서 부산에서 온 동기를 만났다. 사투리를 쓰지 말아야 하는데, 부산 신참들이 선임을 부를 때 "보소, 보소" 해서 많이 맞았다. 그 부산 동기를 외박 때 박춘식 회장 동네로 데려온 적이 있었다. 그 동기는 집이 너무 멀어 외박을 나가지 못했는데, 대신 함께 박 회장의 동네에 와서 사줬던 홍릉갈비집의 갈비탕을 아주 맛있게 먹었던 추억이 있다. 홍릉갈비집은 지금까지도 그 명성을 유지하고 있다.

그 친구도 그때 갈비탕을 꽤 맛있게 먹었었는지, 부산 구포에 가서 갈비탕 가게를 열었다. 이후에 KBS 〈아침마당〉에 출연해 박춘식 회장을 찾았다. 그 덕분에 소중한 인연을 32년 만에 방송국에서 다시 만났다. 그는 그 순간을 절대 잊지 못할 것이라며 출연 당시 친구 영상을 아직도 보고보고 또 보신다.

청량리동의 보안관, 박춘식 님에게서 듣는 에피소드는 청량리동의 역사였고, 동시에 자신의 성장기였다.

주민들도 모르는
청량리시장 이용법

_ 청량리시장

이른 아침, 대로부터 골목골목까지 배낭을 멘 사람들과 차와 오토바이가 바삐 움직이고, 물건을 소개하는 상인과 구경하는 사람들로 북적거린다. 청량리전통시장을 둘러보며 이곳에서 25년째 일삼오축산을 운영하셨다는 전통시장 상인회 회장님을 만나 청량리시장의 이야기를 들었다.

청량리동은 다양한 시장이 모여 있어 광범위하고 복잡하다. 청량리 전통시장, 청량리 청과물시장, 청량리 종합시장, 청량리 도매종합시장, 광성상가, 청량리 경동시장 등 구역마다 시장을 구분한다고 한다.

청량리 전통시장은 상인회와 협의회가 구성되어 있고, 캐노피 설치를 완료한 등록된 시장이다. 1960년대 재래시장이 자생적으로 형성되었다고 들었는데, 청량리가 교통의 중심지이다 보니 지금까지 이어지고 있다. 청량리시장의 상인들은 거의 30년 이상 오래된 분들이 많다. 시대가 바뀌고 변하였기에 상인들의 의식과 판매기법 변화를 위해 교육도 많이 진행하고 있다. 상인들은 장사하면서 공부하는 게 힘들지만, 상인대학 등을 통해 시장의 여건에 맞는 맞춤교육을 받으면서 시장의 변화에 적응하고, 지속적인 교육을 통해

청량리시장

변화하려고 한다. 주변에 롯데마트, 백화점, 현대코아의 대형 식자재 할인마트, 홈플러스 등 대형 마트가 즐비하다. 상인들은 이런 주변 환경의 여건 속에서 재래시장의 경쟁력이 언제까지 지속될까하는 걱정도 있다.

청량리시장을 이용하는 고객들을 보면 장사를 하는 자영업 고객, 전통시장에 익숙하고 편안해하는 전통 고객이 주류지만, 요즘은 젊은 층들도 찾고 있다. 청량리시장은 치킨집, 족발, 순대집, 축산물의 부속물 판매 등이 많은데, 맛뿐만 아니라 다른 곳에서 구매할 수 없는 다양한 상품들이 고객들을 부르고 있다.

청량리시장 일대는 현대코아부터 약령시장까지 이어지는 어마어마한 시장으로 구성되어 있다. 이 시장이 재개발로 인해 정비되면 청량리시장의 변화는 불가피하며, 상인들의 생존권도 위험해질 것이다.

상인회장은 이곳 청량리시장이 도시 재생으로 활성화 노력을 지속해야 한다고 생각한다. 그래서 지역주민들의 일상을 소소하게 챙겨온 청량리시장이 지역의 문화유산으로 남아 주민들의 지속적인 사랑을 받는 장소가 되기를 소망했다.

여섯 번째
이음

전농동

임금님의
경작지,
적전

* 적전[籍田]: 임금이 몸소 농민을 두고 농사를 짓는 논밭을 이르던 말

전농동
Jeonnong-dong
典農洞

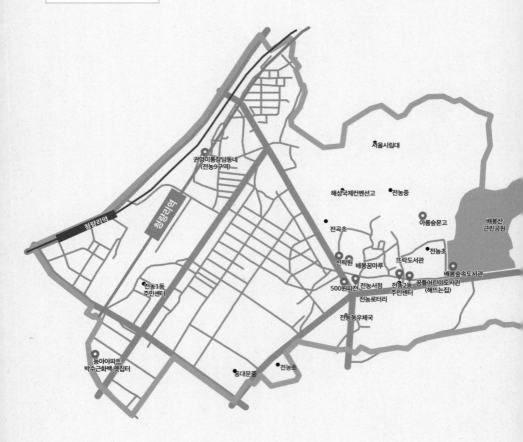

청량리역

청량리해

권영미통장님동네
(전농9구역)

서울시립대

해성국제컨벤션고   전농중

아름숲문고

전곡초

배봉산
근린공원

신락원
배봉꿈마루   전농초

뜨락도서관

500원파전   전농서점

전농2동
주민센터

배봉숲속도서관

전농1동
주민센터

꿈틀어린이도서관
(해뜨는집)

전농로터리

전농동우체국

동아아파트
박수근화백 옛집터

동대문중   전농초

전농동은 청량리역 주변 개발과 관련하여 관심이 집중되고 있는 핫플레이스 중 한 곳이다. 사실 청량리역이나 성바오로병원 등 막연히 '청량리'에 속하는 것으로 인식되어있던 건물들은 사실 '전농동' 소속이다. 그래서 최근의 청량리 역세권 개발은 엄밀히 따지면 전농동 일대의 개발인 것이다.

'청량리역'이라는 세속적이고 대중적인 이미지와는 별개로 '전농동'은 조선 건국 직후부터 600년 동안 임금이 친히 농사를 지어 모범을 보이던 적전藉田(임금이 몸소 경작하여 그 곡식으로 제사 지내던 제전祭田의 한 가지)이었다. 그래서 전농동은 한자도 '밭 전田'자를 쓰지 않고, '가르칠 전典'자를 쓴다. 임금이 친히 백성들에게 농사의 모범을 보이고 가르친 유서 깊은 곳이었다. 이 유례는 제기동 선농단의 유례와 맞닿아 있다. 임금이 모범을 보인 역사적 흔적을 품고 있는 전농동에는 학교가 많다. 초등학교, 중학교, 고등학교가 골고루 있고, 서울에서 등록금이 가장 저렴하기로 유명한 명문대학도 이곳에 자리한다. 동대문구청 홈페이지에는 전농동의 현재를 이렇게 묘사한다. '장기 거주자들이 많은 정이 담겨있는 지역'이라고. 전농동의 매력은 무엇일까.

임금님이
농사지은 땅

동대문구가 고향인 필자에게 전농동의 이미지는, 1980년대 초중반 전농사거리 버스정류장의 일상에서 출발한다. 전곡초와 동부교육청에서 전농사거리 방향으로 몇 걸음 내디디면 해성여고, 해성컨벤션고(옛 이름은 해성여상)로 들어가는 넓은 길이 나온다. 이 지점 버스정류장은 등하교 시간 한 무리씩 오르내리는 학생들로 엄청나게 붐볐다. 아침에 버스에서 내린 여학생들의 행렬은 당시 해성여중·여상 입구 길가에 대 여섯 군데 자리 잡고 있던 문구점 앞에서 흩어진다[22]. 많은 학생을 소화하기 위해 문구점 주인들은 아예 가게 앞 평상에 그날의 준비물을 잔뜩 쌓아 놓고 판매했다. 아침 시간 분주하게 문구점을 훑고 간 여학생들이 하교 시간이 되면, 긴장이 풀린 자유분방한 모습으로 분식집을 점령한다. 그다지 긴 길은 아니었지만 십여 군데의 분식집들이 나름대로 특징을 갖고 있었다. 특히 떡볶이 쫄면이 맛있거나, 다양한 빙수로 인기가 있던 집, 그리고 여전히 추억의 맛으로 기억되고 있는 '할머니 냉면' 등이 학생들을 반겼다.

임금님이 농사지은 땅, '전농'동

전농동은 그 명칭에 담긴 의미처럼 국왕의 친경지인 적전, 일명 전농이 있었던 곳에서 유래되었다. 조선시대에는 한성부 동부 인창방에 속했고, 일제 강점기였던 1914년에는 경기도 고양군 숭인면 전농리, 1936년 경기도 경성부 전농정, 구제가 실시된 1943년에는 동대문구 전농정, 광복 후 동제가 실시된 1946년에 지금의 이름인 동대문구 전농동이 되었다. 이후 전농3, 4동이 분동, 신설되는 등 몇 차례 분동과 통합이 이뤄진 후, 2009년에 만들어진 전농1, 2동 체계가 지금까지 이어지고 있다.

전농1동에는 청량리역이 있고, 6번 출구 앞에는 가톨릭대학교 의과대학 성바오로병원이 있었으나 얼마 전 철거되었다. 그 자리에 주상복합 고층 건물들이 들어설 예정으로 지금 공사가 한창 진행 중이다. 청량리역 뒤편으로는 청량정보고가 있고, 전농초가 래미안전농크레시티 건너편에 있다. 그리고 부근에 서울시 민속문화재 제35호로 지정된 전농동 부군당이 있으며, 전농사거리 쪽에 전농시장이 있다.

전농2동에는 학교가 많이 있는데, 서울시립대학교, 전곡초, 전동초, 전일중, 전농중, 해성국제컨벤션고, 해성여고가 있다. 그리고 서울 동부를 관할하는 동부교육지원청이 이곳에 있다. 그리고, 인근에는 해발 105미터쯤 되는 아담한 산, 배봉산이 있다.

왕실 농업 문화가 담긴 마을당,
전농동 부군당

청량리역에서 전농시장 가는 길에 아주 큰 나무가 있는데, 그 옆에 이상한 그림들이 많이 걸린 제사 지내는 집이 있었다. 이제 생각해 보니 그 집이 부군당이었다.

전농동 부군당은 2017년 4월 13일 서울특별시의 민속문화재 제35호로 지정되었다. 지정 이유는 조선시대 전농동 일대가 농사와 친경의식과 행렬 등으로 대변되는 왕실 농업 문화의 중심지에 해당하는 지역이어서, 전농동 부군당 무신도 또한 서울 지역 농악 관련 풍속화로서 미술사적 가치가 뛰어나다는 점이었다. 그러고 보면 그 가치를 인정받는데, 너무 오랜 시간이 걸린 느낌이다. 그리고 그 옆에 아름드리나무는 2000년 12월 20일 보호수로 지정되었다.

부군당府君堂은 신을 모셔 놓은 신당이다. 역사적으로는 조선 초기 서울(한양)을 중심으로 한 경기지역에서만 불리던 당의 명칭으로 알려져 있다. 이곳 전농동의 부군당에서 모시는 신은 조선 초기 개국공신 중 한 사람인 조반(1341~1401)대감이다. 이 인물이 부군당의 신으로 모셔진 이유는 마을을 평안하게 해준다는 믿음 때문이라고 한다. 이 인물의 기록만으로 보면, 이 전농동

●○ 전농동 부군당 ○● 전농동 부군당 안내문(출처: 블로그 '재봉틀의 국어방')

이 사람들에게 회자된 역사는 600년을 뛰어넘는다. 현재 전농동 부군당은 공원으로 꾸며져 있다.

정문 없는 시립대와 전농시장

시립대 학생들에게 맛집을 소개해 달라고 하면, 예외 없이 듣는 대답이 "잘 아시겠지만 우리 학교 앞은 특별히 갈 데 없어요."이다. 서울 소재 대학 중 상권이 제대로 이뤄지지 않은 곳으로 너무나 잘 알려진 대학이지만, 정문 없는 시립대는 인근 주민들에게 자연과 문화공간으로 잘 활용되고 있다.

"시민들이 여유롭게 즐기는 모습을 보면 참 좋아요. 시립대를 잘 이용할 수 있는 팁으로는 음악회 등의 행사가 있을 때 꼭 참관하시라고 말씀드리고 싶어요. 그리고 학교에서 배봉산 정상에 오르는 것이 참 좋아요. 학교 내 연못도 좋고, 배봉산 정상에 오르면 남산 정상 못지않게 아주 시원해요."

전농사거리에서 전농1동 방향으로 여러 개의 길이 전농시장과 만난다. 전농시장 취재를 위해 박이비인후과 간판을 보면서 옆에 있는 좁은 입구로 들어서는데 많이 설레었다. 내 기억의 출발점인 약 40년 전과 거의 동일한 모습이었기 때문이다. 박이비인후과도 그대로이고, 시장 안 상인들의 자리 배치도 거의 비슷해 보였다. 지영갈비란 상호도 낯익었다. 그 입구에서 시장 안으로 들어서면 바로 중앙 노점에 부침개를 파시는 아주머니가 계신다. '500원 부침개'로 이미 유명하신 아주머니와 부침개를 사 먹으며 잠시 이야기 나눴다(유튜브에서 '500원 부침개'로 검색하면 영상을 볼 수 있다). 시장 모습이 거의 변함없는 것 같다는 내 소감에 "이 전 굽는 판이며, 아래 솥이며 다 전 주인 할머니가 몇십 년 쓰신

거 그대로야. 나는 세 번째 사장이에요. 할머니가 딴 사람한테 넘겼었는데, 두 번째 사장 할머니(1년 운영)께서 오래 못하고 내가 엉덩이가 무거워 오래 하고 있어요(18년째 운영)."라며 이야기를 시작하셨다. 가격이 너무 싸서 남지 않을 것 같다는 질문에는 전화 주문을 받아 포장이 많아서 많이 팔면 남길 수 있다고 말씀하신다. 인기의 비결인 부침개의 부드러운 식감은 부침가루를 넣지 않고 밀가루만 사용하기 때문이라고.

화가 박수근의
마지막 생을 기억하는 곳, 전농동

화가 이중섭과 함께 한국에서 가장 널리 알려진 미술가인 박수근(1914~1965)은 일평생 가난과 함께했다. 창신동에 어렵게 마련한 집을 소송으로 잃고 그의 가족은 1963년 전농동으로 옮겨 왔다. 바로 그 집터가 청량리역 뒤

박수근 화백(출처: 영남신문)

편의 전농동 동아아파트 자리다. 지금 동아아파트 정문 옆 작은 화단에는 화가 박수근을 기념하는 현판이 세워져 있다. 1965년 4월 초 간경화와 응혈증이 악화돼 약 한 달간 위생병원(현, 서울삼육병원)에 입원했다가, 퇴원 다음 날 새벽 전농동 집에서 생을 마감한 박수근 화백의 자취가 그리고 그 존재감이 따뜻하게 남아있었다.

따뜻한 인정과
생동감으로 충만한 전농동

동대문구청 홈페이지의 각 동네 소개를 살펴보면, 전농1동의 특징으로 다음과 같이 적혀 있다. '장기 거주자들이 많은 정이 담겨 있는 지역'이라고. 관공서에서 써놓은 이 독특한 표현은 전농동의 현재 정체성을 아주 적확하게 설명한다. 학교가 많은 전농동은 초등학교 친구들의 삐약거림부터 중·고등학생들의 왁자함, 시립대 청년들의 혈기왕성함까지, 동네에 활력이 넘친다. 거기에 마을을 사랑하는 주민들의 따뜻한 마음이 합쳐져 전농동은 항상 인정과 활기로 넘친다. 사람들이 '오래 사는 동네'라는 표현은 전농동의 많은 것을 담고 있는 듯하다.

어디선가 누군가의
무슨 일이 생기면

_ 고순남 반장님, 권영미 통장님, 서금분 할머님

통장님이 보내주신 주소를 내비게이션에 찍고 가니 청량리에서 회기역으로 가는 기찻길 옆 골목길 끝 집이다. 올망졸망 모여 있는 집들은 색 바랜 벽화가 있고, 기찻길을 구분하는 회색 담장, 누구네 작은 앞마당 같은 공원이 있다. 오래된 동네면서도 아름다운 꽃밭으로 이어지는 골목에서 권영미 통장님을 만났다.

●○○ **주민 사업으로 가꾸는 꽃밭** ○●○ **권영미 통장님** ○○● **전농1동 기찻길 옆 골목**

Q. 현재 어떤 일을 하시는지를 포함해서 자기소개 부탁드립니다.

전농1동에 사는 권영미입니다. 전2장학회 회장, 통친회 회장 대행 그리고 전농1동 주민자치위원, 희망복지위원 등 주로 봉사활동을 합니다. 우리 마을이 옛날 동네라 공중화장실이 있는데, 청량리 노숙자분들이 씻으러 와서 좀 무섭고 그랬어요. 그래서 동네 환경을 변화시키고자 주민 사업을 시작했어요. 어제도 어버이날이라 어르신들을 앞마당에 모셔서 꽃 달아드리고 부침개도 나눠 먹었어요. 제가 부모님이 안 계셔서 제 부모님께 드린다고 생각하고 하면 마음도 좋고 그렇습니다. 저희 동네가 토속적이다 보니까 아파트와 달리 대문 열고 나가면 이웃을 만나게 되거든요. 그러니까 서로 잘 어울리게 됩니다.

Q. 생활이 거의 봉사 활동으로 채워져 있는 것 같습니다. 봉사 활동을 얼마나 하시나요?

매일은 아니고, 정해진 날이 있어서 그리 많지는 않아요. 오늘 자원봉사 시간을 떼어보니 500시간은 넘었더라고요.

Q. 생업과 가족, 그리고 생활하시는 주변을 소개해 주신다면?

가족은 1남 1녀를 두고 있어요. 딸은 결혼했고, 아들까지 모두 독립했어요. 그래서 남편이랑 둘이 살아요. 생업이라기보다는 커피는 제가 사 먹을 수 있는 정도의 수입이 있는 요양보호사 활동을 하고 있어요.

Q. 회장으로 활동하시는 전2장학회는 어떤 단체인가요?

전2장학회는 동네 어르신들이 만든 장학회인데요. 1992년에 시작했는데, 제가 3대 회장입니다. 한 19년 정도 되었어요. 장학회에서는 불우이웃돕기로 쌀 나눔도 하고 그랬는데, 지금은 학생들에 연 700만 원을 장학금으로 기부합니다. 대상은 고등학생이고 1년에 10명 정도 어려운 학생을 선발해서 줍니다. 1인당 72만 원 정도 되지요. 회원들께 어려운 가정을 추천 받아서 지급했어요. 처음에는 출자금을 모아서 이자로 장학금을 줬는데, 지금은 이자가 거의 없으니 월 2만 원 회비와 맹주옥 회장님이 두 사람분의 장학금 후원을 해주셔서 1년 후원금을 지급합니다. 지금 회원은 36명 정도입니다. 한 달에 한 번 회원들이 모여서 후원금을 모아서 지원합니다. 친목계와 비슷하지만 모여서 의미 있는 일을 하자는 모임이에요. 저 혼자 할 수 없는 일이고 회원들이 도와줘서 할 수 있는 거죠. 더불어 사는 세상이어야 하니까요.

Q. 돈은 늘 부족하기 마련인데, 잘 사는 동네도 아니고 유지할 수 있는 비결이 있으신지요?

저는 회장을 해도 적극적으로 권유는 못 하겠더라고요. 그래도 우리가 술 한 잔 먹어도 몇 만 원씩 줘야 하는데, 좋은 일로 써보자면서 가끔 부탁하면 들어 주시더라고요. 1년에 700만 원 후원금 만들기도 쉽지 않아요. 회원 만날 때 나가는 찻값 등은 자비로 쓰면서 계속 모으면서 이어가고 있습니다. 또 저희는 법인은 아니지만, 세무서에 소득공제가 가능한 비영리재단으로 소득공제 영수증은 발급 가능한 단체입니다. 그리고 장학회의 맹주옥 회장님이 저는 무척 자랑스럽습니다. 존경하는 분이예요. 이숍어패럴 사장님이시고, 우리 장학회를 이끌어주시는 분입니다. 이 동네에서 어렵게 사시다가 브랜드가 잘 되면서 성수동 쪽에서 사업을 하시는데 지금까지 계속 지원해주고 계십니다. 그렇게 맹주옥 회장님을 비롯한 전2장학회 자체가 자랑스럽고 보람 있어요.

Q. 동대문구 전농동에서 이런 봉사 활동을 하시게 된 계기가 무엇인가요?

언니 따라 왔어요. 30년 정도 살았네요. 제가 호적상으로는 1961년생인데요, 원래는 60년 쥐띠예요. 충북 단양이 고향인데, 지금은 동생이 고향에서 매운탕 집을 해서 주말마다 내려가 동생을 도와요. 1980년대에 언니 따라 이 동네에 왔어요. 딸이 5살 때 경기도 부천으로 이사 와서 10살 때 서울로 왔어요. 지하 월세 방에서 시작했어요. 왔더니 언니가 지금 저처럼 어르신들께 잘 하며 살고 있더라고요. 그래서 언니가 소개해 준 어르신들께 배우고, 시키시면 뭐든 하고 그랬어요. 어떤 때는 내가 뭐하나 회의를 느낄 때도 있었지만, 나를 위해서 한다고 생각합니다. 지금 동네 어르신들이 내가 이사한다면 본인들도 데리고 가라 하세요.

주민 사업을 시작한 이유는 동네 있던 빈집들이 헐렸는데, 쓰레기장으로 변하더라고요. 그래서 주변 환경 관리를 시작해봤어요. 텃밭을 먼저 해봤는데, 쓰레기 관리가 안 되더라고요. 그래서 나무도 심고 꽃밭으로 가꾸기 시작했어요. 어르신들과 같이 물을 주고 가꾸는데, 함께 가꾸는 것이 너무 좋습니다. 어르신도 이웃 동생들도 함께해요. 가진 것을 나누어야 작은 것도 소중해지고 보람 있더라고요. 내 욕심만 채우려 하면 뭐든지 더 힘들고요.

Q. 전농동에 사시면서 불편하다거나 안 좋았던 점은 무엇이 있을까요?

공중화장실이 있어서 저녁에 골목 다니기가 무서워요. 빈집도 많거든요. 빈 집도 그렇지만 재개발되기 전까지 빈방을 싸게 얻어서 사는 분들이 많은 데 무섭기도 해요. 옷도 안 걸치고 문을 열어놓고 계시는 분들이 있어요. 정말 민 망하죠. 또 돌봐줄 사람 없이 방치된 어르신도 계시고, 노숙자도 있어서 어떻게 손쓸 수가 없어요. 시장이나 구청장님이 직접 방문해서 봐 주셨으면 좋겠 습니다. 재개발이 빨리 돼서 무섭지 않았으면 좋겠어요. 재개발 9구역인데요. 어떤 방식으로든 환경개선이 꼭 필요합니다.

Q. 살기 불편한 부분에 대해 주민들이 또는 공직자들이 할 수 있는 것이 있다면 말씀해주세요.

제가 몸이 불편한 동네 어르신을 4개월 동안 월, 수, 금요일마다 차로 병원에 모셔다드렸어요. 또 요즘 서너 분이 목욕 가시는데, 로터리까지 모셔다드려 요. 어르신들 사시기 힘든 동네라 누군가 돌보지 않으면 어렵거든요. 이 동네 는 모든 것이 불편하니 빨리 재개발하는 것이 방법 아닐까 생각합니다.

다음 날 권 통장님이 동네 역사를 잘 아시는 분이라면서 서금분 할머니를 소 개해 주셨다. 그래서 전농동에서만 70여 년을 사셨다는 할머니를 만나러 갔다.

Q. 여든이 넘으셨다고 들었습니다. 언제 태어나시고, 여기서는 언제부터 지내셨는 지 소개 부탁드립니다.

서금분(이하, 서): 태어나긴 충북 영동에서 태어났지. 여섯 살 먹어 어머니가 돌아가셔서 하나도 잘 몰라. (갑자기 방 벽의 서랍장으로 가시더니 주민증을 꺼내주시며) 맞는지는 모르지만 1937년생으로 되어있더라고.

Q. 결혼해서 이곳으로 오셨어요?

서: 아니. 거서 좀 살다가 벌어 먹고살기 힘들어서 왔는데, 여기도 먹고살기 어렵기는 마찬가지였어.

Q. 할아버지는요?

서: 같은 고향 사람이야. 그 양반 고향은 보은. 벌써 죽었어. 한 10년 되었네. 노동일을 하는 사람인데 일하려고 왔지. 배운 것이 없으니까. 별거 다 해봤어. 청량리시장서 채소 장사도 해보고.

Q. 이 동네에서는요?

서: 이 동네서만 70년을 살았어. 부르꾸(시멘트 블록의 일본식 발음) 찍는 걸 영감이랑 같이 했어. 큰 구멍 뚫린 거. 영감이 9년 전에 죽고. 4남매를 뒀는데, 큰놈 둘은 먼저 죽었고 남매만 있어. 이 동네는 안 변하고 그대로야. 변한 게 있다

면 요 앞 기찻길 담도 없이 철도 보며 살았지. 아주 시끄러웠어.

Q. 시립대가 농업학교 시절 기억은 있으세요?

서: 농업학교라고 했던 기억만 있어.

권영미(이하, 권): 떡전교가 떡 팔고 했던 곳인데, 배봉산에 장군들 묘지도 많았었다고 들었어요. 터가 좋아서.

Q. 그럼 이 동네서 사시면서 가장 좋았던 것은 뭐가 있어요?

서: 뭐가 있나? 인심 좋은 거지 뭐. 친하게 지내는 사람은 많이 이사했지만, 자녀들도 휘경초, 중, 전농중학교 나오고 그랬어.

Q. 인심 좋은 것 말고 좋은 장소나 자주 간 곳은 없으신가요? 자랑하고 싶은 장소나.

서: 자랑할만한 게 뭐가 있어. 그전에는 배봉산 다녔는데, 지금은 풍이 와서 못 다녀.

Q. 동네 불편하신 것이 있다면?

서: 저기 있는 공중화장실이 진짜 불편했지. 옛날에는 옆에서 일보는 사람이 다 보였거든. 그래도 지금은 싹 고쳐서. 그래도 노숙자도 많고 무서워.

(어느 순간 고순남 반장님이 들어오셔서 동네 염원은 재개발이라고 얘기하신다.)

고순남(이하, 고): 너무 춥고 집이 허술하니 이런 노인네들만 살아. 벽도 자꾸 허물어지니까 임시방편으로밖에 못살아.

서: 그때 내가 부르꾸를 만들 때 '시멘트 끼'가 거의 없이 만들었어. 시멘트 한 포대에 100장씩 뽑았으니까 말 다 했지 뭐.

고: 그러니까 집들이 다 이 모양이지. 재개발밖에 답이 없어.

Q. 재개발이 시작되면 이사하셔야 하고, 다 뿔뿔이 흩어지실 텐데 괜찮으세요?

고: 뭐 결정이 나면 땅값이 오르면 팔고 이사를 가든, 임대아파트로 들어가든 어떡하든 결론이 나겠지. 결정이 안 되니까 계속 이 상태로만 있더라니까. 아무것도 안 된다니까.

권: 난 이사하고 싶은데 어르신들이 못 가게 해요.

고: 이 양반 없으면 안 돼. 재개발에 대해서는 할 말이 진짜 많아. 나는 1990년도 넘어서 왔어요. 그전에는 옛날 전농1동 동아아파트 쪽에 있었지. 계속 이 동네 살았어요. 그래서 아는 것은 별로 없어.

Q. 그러면 이 동네 산 것까지 하면?

고: 한 40년 가까이 살았지.

Q. 동네에서 가장 좋은 것이 있다면요?

고: 못 느끼니까 재개발을 원하겠지.

Q. 동네 재개발을 하고 싶은 이유?

고: 땅값도 안 오르고, 병원도 없고, 마트도, 목욕탕도 없고….

Q. 그래도 오래 사신 이유가 있지 않을까요?

고: 마지못해 돈이 없어서 여기 사는 거예요. 돈만 있으면 벌써 이사했지. 나이는 76. 딸이랑, 남편이랑 살아요. 돈이 없으니까 딸도 시집을 못 가. 이 통장님이 젊어서 다 엮어주고 지원해주니까 그렇지, 안 계시면 여기 사는 노인네들은 아무것도 못 해. 또 이 형님이 솜씨가 좋으셔서 같이 밥도 먹고 하는 거지. 노인정은 텃새도 있고 돈도 들어가고, 회비 외에도 돈 들어가는 것이 많더라고.

Q. 이리 지내다 흩어지게 되면 외로우실까 봐.

고: 우리도 모여앉아 얘기하지. 뿔뿔이 흩어지지 말고 지하방이라도 얻어 살아보자 얘기도 하고 걱정해. 그때 되면 어떨지 모르지만. 그래도 재개발 결정이 되어야 땅값이 오르던가 하고 땅 팔고 이사를 하든 임대아파트를 가든 면수를 내지, 집주인들은 다 나가버리고 노인네들하고 뜨내기들만 사니 동네가 이렇지. 그러니까 이 동네 숙원은 첫째도 재개발, 둘째도 재개발, 셋째도 재개발이여. 아이고, 사람들 술 먹고 소리 지르고, 벗고 살기도 하고…. 그래서 화장실 칸마다 비상벨이 있어. 말해 뭐해. 하여튼 그 근처에서 별일이 다 있어. 통장님이 많이 도와주고 하니까 여기 조금이라도 살지. 여기 어르신들은 거의 세 사는 것이에요. 재개발되면 임대나 이렇게 가겠지.

Q. 여기 걸어오다 보니까 조감도가 있던데, 진행되고 있는 것 아닌가요?

권: 진행하고 있는데, 반대하는 분들도 계셔서 지지부진해요.

고: 우리는 유명한 곳이나 얘기할 만한 것은 없지만, 할머니들이 많이 살아서 제일 낙후되고 못사는 곳이라 재개발이 꼭 필요하다 의견을 써줘요. 옛날에는 8통인데, 지금은 21통이라. 진짜 사람 살 곳이 못돼요. 통장님 덕분에 화합하고 따뜻하고 함께 이것저것 하고 토속적인 면은 있지만, 생활 자체가 너무 어려워.

Q. 서금분 할머님은 자랑하실 것은 없으세요?

고: 음식을 잘하세요. 나물을 잘 만드시고, 한식은 다 잘해. 손맛이 그렇게 좋아. 형님 친구가 형님한테 죽더라도 손맛은 자기 주고 가라고 그랬대. 그 소리 듣고 많이 웃었네. 그래서 같이 밥 자주 먹고 그래요.

권: 안 움직이면 우울증 생기니까 자꾸 움직이시고, 청소하시고, 꽃밭에 물주고, 동네 사람들이랑 밥 먹고 목욕탕이랑 경동시장도 가시고.

서: 그래, 시장은 경동시장이 좋지, 싸고 많고. 어떨 때 행복했냐고? 행복한 것 모르고 살았네. 너무 고생하고 살아서. 나쁜 기억만 머릿속에 있지, 좋은 기억은 없어. 지금은 아픈 것만 빼면 편하지!

왼쪽부터 고순남 반장님, 서금분 할머님, 권영미 통장님

옛날에는 회기역 근처는 다 미나리꽝(밭)이었고, 주유소 있는 곳도 산이랑 미나리꽝이었고 집 하나도 없었어. 기찻길 담도 없어서 무연탄 훔쳐가는 사람들도 많았고, 이 동네 사람들 다 거기서 먹고 살았어. 짐도 날라주고 청량리역에서 먹고 살았지. 한창때는 우리 할아버지가 집 짓는다고 터도 잡았었는데, 서른 살에 군대 가면서 집터도 다 잃어버렸어. 출생신고 늦게 해서 군대를 늦게 갔지. 환경미화원을 하셨는데, 퇴직금만 탔어도 지금 이렇진 않았을 텐데, 주변 사람들 뭐 다 사주느라고 다 없어졌어. 옛날에 공중화장실 옆집 2천만 원 달라고 했었는데, 퇴직금도 다 써버려서 못 샀어.

고: 여기 같은 데는 없어. 서울에서 이렇게 살기 힘든 동네는 여기밖에 없어.

권: 지금부터 15~16년 전에 본격적으로 재개발을 시작했는데, 한 번 구역지정까지 났다가 서류 미비로 취소된 적이 있어요. 그때 서둘러서 해야 했는데, 다시 시작한 것이 7, 8년 되었어요.

고: 통장님이 젊어서 뭐든 다 도와주니까 사는 거야. 이 동네 큰 인물이여. 없으면 이 동네 안 돌아가지.

어떤 화두를 던져도 계속 재개발 문제와 관련한 이야기로 빠진다. 오래된 동네 이야기는 더 들을 수 없었다. 어르신들은 옛날 이야기가 뭐가 중요하냐며 미래가 더 중요하다고 하신다. 너무 힘든 동네니까 제발 재개발이 꼭 좀 추진되게 해달라고 말씀하신다. 어르신들의 바람이 이뤄지기를 기원하면서도, 이렇게 서로 의지하고 사시는 어르신들이 뿔뿔이 흩어진다고 생각하니 마음이 짠하다. 또 알록달록 시간을 간직한 골목이 사라진다는 것도 아쉽다.

시대생들의 첫 서울,
그리고
'지속가능한 자봉'의 비밀

_ 서울시립대 졸업생 서마루치 님, 정수지 님

'아이폰보다 싼 등록금'으로 유명한 대학. 전농동의 나름(?) 랜드마크, 서울시립대. 등록금이 도대체 얼마나 쌀까? 2019년 기준 대략 한 학기 인문계 등록금이 102만 원, 공학계가 135만 원, 미술계가 144만 원, 음악계가 161만 원가량. 이게 얼마나 낮은 건가 하면, 일반 사립대학의 전체 평균 등록금이 한 학기당 359만 원(2018년 기준, 전 계열 평균) 정도니, 이와 비교하면 절반에도 훨씬 못 미치는 수준이라는 뜻. 더 놀라운 것은 이게 다가 아니라는 것이다. 서울시립대에는 '3대 바보'라고 일컬어지는 사람들이 있는데, 그중 하나가 '졸업할 때까지 장학금을 한 번도 못 받는 사람'이란다. 장학금 지급률이 약 70퍼센트에 달하기 때문에 3명 중 2명은 장학금을 받으면서 학교에 다닌다는 뜻이다. 등록금의 스트레스가 덜하다는 것은 그만큼 다른 생활에 집중할 수 있는 '일상생활에 대한 선택지'가 늘어난다는 것을 뜻한다. '시대생'의 일상생활은 무엇이 다를까. 이들의 일상생활이 궁금했다. 그래서 손쉽게(?) 구할 수 있는 시대생(갓 졸업한) 남녀 두 명을 각각 섭외했다. 세무학과를 졸업한 11학번 동기, 서마루치 님과 정수지 님을 일주일 간격으로 만났다(이하 존칭 생략).

'서울스럽지' 않아 오히려 살만했던 전농동

서마루치. 이름이 독특하다. 이름에 얽힌 재미있는 에피소드를 들려달라고 했다. 학교 다닐 때 다른 친구들 이름이 세 글자니까 출석부에 '서마루'까지만 나오는 경우가 많은데, 이때 애들이 '서마루' 이름 옆에 '치'까지 출석부에 썼단다. 그런데 선생님이 "왜 친구 이름에 장난쳐놨냐"고 혼냈다고 한다(이렇게 이야기하고 혼자 막 웃는다). 음. 별로 재미없는데⋯. 남은 인터뷰가 심하게 걱정됐다. 지금은 자신의 이름에 만족도 200퍼센트. 취업준비를 하는 현재, 이름 자체가 주는 강렬함 때문인지 최근에 보는 취업시험은 대부분 최종면접까지는 간다고 한다(실제로 최근에, 들어가기가 그 어렵다는 '공사'에 떡하니 취업했다).

전농동 편에 걸맞은 본격적인 첫 질문, '전농동'의 첫 이미지는 어땠는지 물었다. 서마루치에게 전농동은 '서울스럽지 않은' 이미지였다.

서마루치 님

"생각보다 뭔가 서울스럽지 않다⋯? 지방에서 왔을 때 서울에 있는 대학가라는 그런 환상이 있잖아요. 근데 뭐 아무것도 없는 거예요. 일단 기본적으로 사람도 그렇게 많은 것 같진 않고⋯. 청량리 미주 상가 그쪽도 오래된 건물 위주잖아요."

서마루치에게 '서울스러움'은 뭔가 대학가의 왁자함이었던 듯하다. 하지만 역설적이게도, 시립대가 자리하고 있는 전농동은 이런 왁자함이 없어서 오히려 편안함을 느꼈던 것 같다고 회상한다. 2011년 대학 입학 이후 8년 동안 계속 전농동의 같은 집에서 자취했던 서마루치는 지나보니 북적거리지 않기 때문에 오히려 살만하다고 느꼈다고 회고한다. 서울의 홍대나 강남, 연남동 같은 곳도 많이 다녀봤지만 그다지 적성에 맞는 동네는 아니었단다. 게다가 최근 취업면접을 여기저기 다녀보면서 알게 된 것은, 청량리를 중심으로 한 교통편이 너무 좋다는 사실을 몸으로 알게 된 것이라고 한다. 그래서 서울에서 근무하게 되는 여건이라면 여기(전농동)에서 계속 살기를 원했다. 다만, 현재의 전농동의 높은 집값은 서마루치의 정주定住 의사를 비현실적인 꿈으로 바꾸어놓는 것 같다.

자원봉사, 시작은 학교 술친구
지속할 수 있게 한 것은? 마을 친구!

서마루치가 전농동에 애착을 갖게 된 것은 그가 동네(전농동) 가까운 곳에서 시작한 봉사활동과도 관계가 깊다. 대학 입학한 이후 동아리 활동(서울시립대, 그린두메 동아리)의 인연으로 시작된 자원봉사 활동의 근거지가 바로 이곳 전농동(꿈틀 도서관, 해뜨는집)에 있었기 때문이다. 중간에 군대도 다녀오고 동아리 활동의 내용이 약간 변하면서 다른 활동으로 전환되기도 했지만, 서마루치는 2011년 이후 대학을 졸업한 지금까지 8년째 꾸준하게 나가고 있다고 한다.

뭐든 1년씩 하는 활동을 지속하기도 힘든 경박단소輕薄短小의 시대. 8년씩이나 지속하게 된 이유가 궁금했다(이 기간은 그가 전농동에 거주한 기간과 일치한다). 그런데 8년이라는 시간의 무게감에 비교해 서마루치가 얘기하는 '자봉' 시작의 동기는 좀 허무했다. 같은 과 동기 한 놈이 친한 친구들을 '우루루' 몰고 같이 들어왔다고 하고(뒤에 나오는 '정수지'도 이 '우루루'에 포함된다) 이때부터 서마루치도 함께 하게 되었다고 한다.

"동아리 처음 들어올 때 '나는 봉사 활동 열심히 해야지' 하고 들어오는 친구들은 아무도 없어요. 봉사 활동 자체는 매일 하는 게 아니니까 결국 이제 활동 이외의 시간은 보통 동아리방에서 같이 보내거나 친구들끼리 뭐 술 한잔하거나 그런 게 주가 되니까요." 헐. 사실은 봉사 활동을 빙자한 술모임(^^;)이었던 것이다. 하지만 대학도 졸업하고 친구들은 회사로 지방으로 뿔뿔이 흩어진 지금. 무엇이 이런 활동을 지속가능하게 하는 동력이 되는 걸까?

가장 직접적인 동기의 단서는 '8년 동안 함께'하면서 '만들어온 이웃'에 있었다. "이게 만약에 저 혼자 매번 모르는 사람들이랑 하는 거면은 이렇게 안 됐을 것 같아요. 다 제가 좋아하는 사람들하고 같이 한다는 거죠." 8년이라는 시간은 서마루치에게 새로운 '이웃'을 만들어주었고, 그 이웃들은 또다시 자원봉사를 하게 하는 새로운 동기의 순환을 만들어내고 있었다.

'첫 서울' 전농동 vs '지나보니' 전농동

서마루치의 술친구이자, 같은 과 동기, 여자 사람 친구. 정수지를 일주일 간격으로 인터뷰했다. 경북과 일산에서 살았던 정수지에게도 전농동은 서울의 첫 이미지였다. 다만, 정수지에게 전농동은 처음의 강렬한 이미지보다는 시간이 지나보니 좋았던, '뒷심'이 좋은 이미지였다.

"(첫 이미지는)'불편하다'였어요. 제가 문화생활을 하
고 싶어도 할 수도 없고…. 그런데 지금 막 다른 동
네에서 살다 보니까 여기만큼 그렇게 접근성이 좋은
데가 없더라고요. 여기서 접근성이라고 하는 건 주
로 강남, 종로예요."

정수지 님

그리고, 정수지의 자원봉사 동아리(그린두메) 활동
의 시작 동기도 서마루치와 매우 유사했다. "봉사동
아리 들어간 것도 그냥 동기들이 많이 들어가서 '너 할래?' 해서 들어간 거였
지 내가 뭐 '여기는 이런 집수리 봉사를 한데…' 이래가지고 들어간 건 아니었
어요. 근데 막상 들어왔는데 보니까 제가 제일 열심히 하고 있더라고요." 결국
은 정수지도 사람들이 좋았고, '술'이 좋았던 것이다(헐). "대학에 입학하고 나
서 친해졌던 애들이 다 동아리에 들어가 있었어요. 그래서 그냥 아무렇지도 않
게…. 대학교 들어가면 동아리 하나는 해야 할 거 아니냐, 이 생각으로 들어왔
거든요. 제가 무슨 특별한 취미가 있거나 그렇지는 않았거든요. 다 이걸로(술잔
꺾는 제스처) 맺어진…. (웃음)" 정수지와 서마루치 두 사람을 인터뷰하면서, 내
가 지금까지 가지고 있던 '서울시립대생 ≒ 명문대생, 반듯하고 스마트한 이미
지'는 초토화됐다(이건 뭐).

서마루치와 정수지의 '첫 서울, 전농동'은 화려하고 왁자한 첫 느낌은 주지
못했다. 하지만, '지나보니, 전농동'은 두 사람에게 '따뜻하고 아늑했던 동네'의
느낌을 남겨주고 있었다. 그리고 전농동이 준 그 따뜻한 동네의 느낌은 정수지
가 앞으로 살고 싶어 하는 '우리 동네'의 이상향이기도 했다.

물리적 공간이 아니라,
'따뜻한 사람'이 많은 '우리 동네'

"한 동네에 오래 살고 싶어요. (한 동네에 오래 산다는 건) 내가 그 동네 일원이 되는 거잖아요…. 그냥 내가 퇴근하고 아니면 학교 갔다가 집에 딱 들어오면 그냥 버스 내리자마자 '아… 내 집에 왔다' 생각되는 거요. 동네로만 딱 버스가 들어서도 여기 내 친구 집, 저기 아는 아줌마 집, 저기는 누구 집… 이런… 내가 잘 알고 친하게 지냈던 사람들, 내가 부르면 나올 수 있고 그런 데서 살고 싶어요, 저는."

정수지에게 동네의 이미지는 물리적 공간의 느낌이 아니었다. 관계의 공간이고 '좋은 사람'을 기억하게 하는 공간이었다. 정수지에게 이런 '따뜻한 동네'의 이미지가 이상향처럼 떠올려지는 건, 어린 시절 그가 겪은 '오래된 동네 친구'에 대한 결핍 때문인 것 같다. 그는 초등학교, 중학교, 고등학교를 계속 동네를 바꿔서 이사를 했었다.

문득, 이 경험이 비단 20대 후반의 청년 정수지의 경험에만 국한되지 않는 것이라는 생각이 들었다. 잊을 만하면 1970, 80년대의 기억이 드라마나 영화를 통해 재소환되는 것을 보면, '동네'를 잃어버린 사람들 공통의 결핍이 그만큼 크다는 것을 방증하는 것 같기도 하다.

비교적 짧은 거주 경험을 가진 두 명의 시립대 졸업생들에게 전농동은 화려함보다는 따뜻함을 남겨준 것 같다. 그리고 이 짧은 인터뷰는 몇 가지 곱씹어 볼 만한 생각을 하게 했다.

자원봉사는 사실 '좋은 일'을 하러 가는 게 아니라, '좋은 사람'을 만나러 가는 것이라는 사실이다. 그래서 알고 보면, '지속가능한 자봉'은 그 일 자체가 얼마나 '거창한 의미가 있는 일인가'가 아니라 '지속가능한 관계(쉽게 말하면 내가 거기 갔을 때 술 한잔할 친구가 거기 있는가)'가 만들어내는 것이다. 그리고, '좋은 동네'는 '좋은 사람에 대한 기억'을 말한다는 사실이다.

책 읽는
거리

_ 전농동 도서관

전농동은 동대문구의 교육 중심 동네이다. 그 근거로 우선 동부교육청이 그 자리에 위치하고 배봉초, 전곡초, 전농초, 전동초, 전일중, 전농중, 동대문중, 해성여고, 해성국제컨벤션고, 서울시립대까지 무려 10개의 초·중·고·대학교가 위치한다. 그래서인지 배봉산 공원부터 꿈틀어린이도서관, 아름숲아파트, 전농2동 주민센터, 배봉꿈마루에 이르기까지 도서관은 북카페를 포함해 5개나 있었다. 정말 부러운 환경이다. 그 부러움의 내용을 자세하게 알아보러 일명 '책 읽는 거리'를 찾았다.

1. 배봉산숲속도서관

숲속도서관은 2019년 10월 개관했다. 개관하자마자 한 달에 하루 평균 1,400명의 이용자가 몰렸다. 2020년 코로나로 인해 원활하게 운영되진 않았지만, 도서관 근처만 가도 힐링이 될 것

배봉산숲속도서관

같은 분위기다. 숲속 산책과 독서를 겸할 수 있는 도서관을 안 가볼 수는 없겠다.

▶ **이용 시간**
· **개관일:** 화요일~일요일
· **개관 시간:** 09:00~18:00
· **휴관일:** 매주 월요일 및 법정 공휴일, 도서관 사정에 의한 임시 휴관일

2. 꿈틀어린이도서관

꿈틀어린이도서관은 이 동
네에서 15년의 역사를 가진
가장 오래된, '책 읽는 거리'
의 원조 도서관이다. 오래
된 만큼 시설 보강을 위해
지하에 도서관 이용자들이
독서모임 등을 할 수 있는

꿈틀어린이도서관

커뮤니티실도 만들었고, 2019년 외벽 공사도 마쳤다.

"꿈틀은 책을 중심으로 한 기획전, 모임 등 책 읽기 문화 활동을 중점적으로
합니다. 주민 커뮤니티 공간으로 만들어 대관이 가능한 열린 공간이며, 주민
들의 많은 이야기가 있는 공간입니다. 또 꿈틀은 어린이 전문 도서관답게 학
년별 권장도서, 중학교까지 그리고 개인에게 맞춘 책 추천도 가능하니 함께
해주세요. 독서를 시작하는데 어떻게 해야 할지 모르신다면 꿈틀에서 시작
하세요." **[꿈틀도서관 운영자]**

▶ 이용 시간

· 개관일: 월요일~토요일

· 개관 시간: 평일 10:00~17:00, 토요일 10:00~16:00(점심시간 13:00~14:00)

· 휴관일: 매주 일요일, 법정 공휴일

3. 전농2동 뜨락작은도서관

뜨락도서관은 전농2동 주민 센터 3층에 위치한다. 작은 도서관치고는 꽤 크다. 키즈존도 있고, 열람실도 넉넉하다. 주민센터에서 직접 운영하는 도서관이다 보니, 구립도서관을 축소해 놓은

뜨락작은도서관

듯 잘 정리되어 있고, 동대문구립도서관 통합회원증으로 누구나 편안하게 이용할 수 있다.

▶ 이용 시간
· 개관일: 월요일~일요일
· 개관 시간: 평일 09:00~20:00, 토요일~일요일 10:00~18:00
· 휴관일: 법정 공휴일

4. 아름숲문고

꿈틀과 전농2동 주민센터 뜨락도서관 사이 아름숲래 미안아파트 단지가 있다. 이 곳에 주민들이 운영하는 아름숲문고가 자리하고 있다. "아이들이 여기 있으면 부모님들이 안심할 수 있는

아름숲문고

곳. 그렇게 아이들과 부모님들이 편안하게 이용하며 책 읽는 문화를 만들어 가는 곳, 그리고 동네 사람들의 즐거운 만남이 반복되어 친해지는 곳으로 계속되었으면 하는 바람입니다. 가실 때 주민들이 가꾸는 꽃밭도 보셨으면 좋겠네요."[아름숲문고 운영자]

▶ 이용 시간
· 개관일: 월요일~토요일
· 개관 시간: 평일 10:00~18:00, 토요일 10:00~14:00
· 휴관일: 일요일, 법정 공휴일

5. 배봉꿈마루

2013년 개관한 배봉꿈마루는 2층에 청소년 독서실이 있다. 좌석 수는 51개이고, 하루 500원으로 이용할 수 있다. 1층 북카페에서 좌석을 골라 입실표를 받아 사용할 수 있다.

평일 오후인데도 1층 북카페에 가득 찬 사람들을 보면 이곳이 얼마나 주민들의 사랑을 받는 곳인지 말해주는 듯하다. 보드게임을 하는 어린이와 청소년, 아이와 책을 읽는 엄마, 노트북으로 무언가를 열렬히 시청하는 청년,

배봉꿈마루

그리고 누군가를 기다리는 듯 책이나 핸드폰을 보는 아버님들까지. 이러한 주민들의 자유로운 분위기는 여타의 다른 북카페와는 다른 것 같다. 주민 누구나 무료로 이용할 수 있는 공간이다. 전농동 '책 읽는 거리'의 종합판인 것 같다는 느낌이다. 지하에 세미나실도 갖추고 있어 대관도 가능하니, 전농동 주민들의 커뮤니티 공간은 걱정할 필요 없겠다.

▶ 이용 시간
· 개관일: 화요일~일요일
· 개관 시간
　- 1층 골목 안 서재: 10:00~18:30
　- 2층 청소년독서실: 평일 09:00~23:00, 토요일~일요일 및 공휴일 10:00~23:00

- 지하 1층 아지트 몽: 10:00~22:00(대관 문의 02-2212-0012)
· 휴관일: 월요일

배봉꿈마루까지 다녀보니 '책 읽는 거리'답다는 생각이 절로 든다. 배봉꿈마루를 나와 전농동 로터리에 이르니 요즘 보기 드문 동네서점도 있다. '전농서적'은 역사가 50년 이상이라고 하니, 이 동네가 교육 중심이 된 이유가 주민들의 책을 사랑하는 힘과 사람을 사랑하는 힘이 근본이 된 것 아니었을까 생각해본다. 책을 살 곳도 볼 곳도 빌릴 곳도 많은 전농동. 부럽기를 넘어서 동대문구 모든 동이 이렇게 주민들의 책 공간, 모임 공간이 충분한 동이 되기를 바란다.

전농동 책 읽는 거리

일곱 번째
이음

용신동

한 지붕
두 동네
이야기

용신동
Yongsin-dong

龍新洞

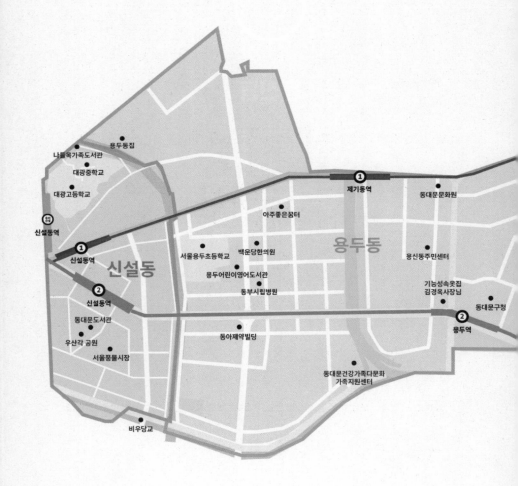

나들목가족도서관
용두동집
대광중학교
대광고등학교

신설동역

신설동역

제기동역
동대문문화원

아주좋은꿈터

서울용두초등학교
백운당한의원
용신동주민센터

용두어린이영어도서관
동부시립병원

기능성속옷집
김경옥사장님
동대문구청

용두역

신설동역
동대문도서관
우산각 공원
서울풍물시장

동아제약빌딩

동대문건강가족다문화
가족지원센터

비우당교

신설동

용두동

용신동. 호주의 수도가 '시드니'가 아닌 '캔버라'인 것처럼 동대문구청이 있는 용신동은 이름 부터 낯설었다. 이유는 행정동만 용신동일 뿐 현재까지 '용두동'과 '신설동'은 법정동이라는 이름으로 현재까지도 쓰이는 두 동네가 합쳐져 있기 때문이다. 용두동은 유서 깊은 '청룡문화제'가 열리는 동네이고, 동대문구청이 있는 동네답게 장애인종합복지관, 건강가정·다문화가족지원센터, 지역자활센터, 용두문화복지센터 등 청계천을 따라 공공기관도 많다. 동대문구 행정의 중심이라 손색이 없을 듯 했다. 신설동은 4대문 밖 첫 동네로 종로구와 동대문구로 번갈아가며 편입되면서 서울 중심지와 가까운 정체성을 가지고 있다. 서로 다른 정체성을 가진 용두동과 신설동을 취재하며 만난 이들은 재개발로 인한 아픔도 있었고, 폐기물 시설이 들어오며 겪었던 아픔도 있었다. 그럼에도 노숙자를 위한 목욕탕 설립을 꿈꾸고 아이들을 함께 키우는 이웃은 누군가의 비빌 언덕이 되어주려 한다. 동대문구 사람들의 비빌 언덕, 용신동 사람들을 소개한다.

양극단의
완전히 다른
정체성을 품은 동네

동대문에는 추억과 역사가 없는 동이 있다. 용신동이다. 서울의 역사에 대한 대부분의 기록물을 저장하고 있는 서울역사박물관에서 '용신동'을 입력하면 검색되는 기록이 없다. 현재 용신동에 거주하고 있는 사람들의 상당수는 용신동이 과거 어떤 역사를 품고 있었는지, 어떤 사람들이 머물렀었는지에 대한 공통의 기억이 없는 것이다. 2009년 5월 4일 탄생한 동대문구 용신동은 용두동과 신설동이라는 두 개의 정체성을 강제로 합쳐놓은 동네였기 때문이다.

그런데 일상에서 용신동, 용두동, 신설동의 관계는 생각보다 복잡하다. 분명히 '용신동주민센터'는 있는데, 용두동과 신설동에는 별도의 주민센터가 없고, '용신동' 지하철역은 없지만, '용두역'과 '신설동'역은 분명 존재하며, 주민등록등본에는 용신동으로 나오지만, 재산권과 관련된 서류에는 용두동과 신설동으로 분리해서 서류가 나오기 때문이다. 이 동네 명칭의 혼란스러움을 이해하려

용신동 검색 결과(출처: 서울역사박물관 홈페이지)

면, '법정동'과 '행정동'의 차이를 알아야 한다. 법정동은 모든 법적 업무에 사용되는 행정구역의 공식 명칭이다. 반면, 행정동은 행정기관들이 주민수, 면적 등을 고려해 단순히 편의를 위해 설정한 행정구역이다. 그래서, 한 행정동에 여러 법정동이 묶일 수 있고, 한 법정동이 여러 행정동으로 나뉘어 있을 수도 있다[23]. 용신동은 행정동이고, 신설동과 용두동은 용신동의 법정동 명칭이다.

정리해보면, 현재의 용신동은 인구나 면적 등을 종합적으로 고려해 행정적 편의에 따라 신설동과 용두동을 묶은 새로운 동의 명칭임을 알 수 있다. 다만, 과거 토지 재산권 등의 역사적 근원을 현재의 주소와 연동해서 확인하기 위해 법정동 명칭을 그대로 사용하고 있다는 뜻이다. 이것이 용신동이라는 하나의 동네에 두 개 지역의 역사적 정체성이 공존하는 이유다. 신설동과 용두동은 각각 어떤 기억을 품은 동네였을까.

신설동은 구한말,
종로 연장선의 의미로 세워진 '신도시'였다

신설동의 한자는 '新設'로, '새롭게 만들어진'이라는 뜻이다. 여기서 '새로울 신新'이라는 글자가 들어간 장소는 추가적인 해석이 필요하다. 이 '새로움'이라는 용어의 상대성 때문에 언제 그 명칭을 사용했느냐에 따라 그 지역의 역사성을 파악할 수 있기 때문이다. 신설동의 역사를 찾아보면, 자료에는 '숭신방'이라는 지역과 자주 겹친다. 즉, 숭신방의 역사를 거슬러 올라가 보면 신설동으로 언제 바뀌었나를 추론해 볼 수 있는 것이다.

조선왕조의 시작과 함께 시작한 한성부(한양)의 행정구역은 5부部(동, 서, 남, 북, 중) 52개 방坊으로 나뉘어졌었다. 여기서 한성부 동쪽인 동부에 소속된 12개 방 중 현재의 동대문구에 해당하는 곳은 2개의 방이 있었는데(숭신방과 인창방), 이 중 하나가 숭신방이다. 이곳이 바로 현재의 신설동 지역이다. 이 지역은 1910년 한일합병 이후까지 그 명칭을 그대로 사용하다가 1943년 경성부의 구區제도가 실시되면서 동대문구에 속한 신설동이라는 동네의 명칭을 얻는다[24]. 이때 숭신방의 지명이 그냥 신설동이라는 명칭으로 대체된 것은 아니다. 이미 사람들이 그 동네를 '새로운 동네'라는 개념인 '새말'이라고 부르고 있었다. 사람들은 1943년보다 훨씬 이전인 갑오개혁(1895년)시기 이전부터 이미 '신설계新設契' 또는 '새말', '신리新里'라고 불렀다고 전해진다[25]. 지금의 신설동은 '1890년대의 사람들의 생활개념에서 탄생한 새동네'였던 것이다. 왜 그 시대의 사람들은 이 지역에 '새로운' 동네를 형성해야 했을까.

지금과 같이 시대의 행정적인 필요가 있는 경우가 아니라면, 본래 대부분의 신도시는 전통적인 중심지역이 그 수요를 감당하지 못할 때 생겨나는 파생적

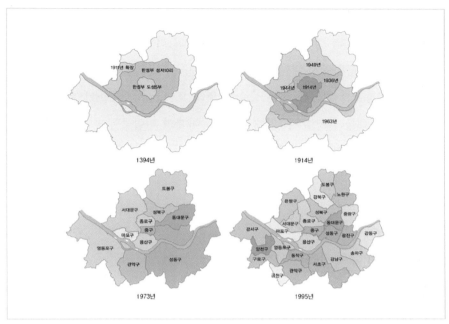

인 공간이다(강남의 시작이 그랬고, 분당이나 일산 신도시도 모두 이런 대중적 요구에서 시작됐다). 이 전제에 더해 현재의 신설동의 위치를 더듬어 생각해보면 신설동에 모여든 사람들의 욕망이 어디에 있었는지를 추론해 볼 수 있다. 신설동의 위치는 당시 왕이 제사를 지내던 선농단이 있던 제기동과 종로의 동쪽 끝자락인 숭인동 중간에서 종로 쪽으로 좀 더 치우쳐 걸쳐있다(현재의 종로구 창신동, 숭인동의 일부 지역은 신설동에서 분리된 동네다). 실제로 조선 후기부터 일제 강점기에 걸쳐 1975년에 이르기까지 몇 차례의 행정구역 재편과정에서 '숭신방(신설동)'의 지역 일부는 종로에 편입되었다가, 후에 동대문구로 재편입되기를 반복한다[26].

즉, 구한말 신설동에 모여든 사람들은 대체로 당시 종로에 모여 살던 양반들의 주거지가 확대되는 지점에 절묘하게 위치해 있었고, 이런 동네의 형성과정에 대한 신설동의 정체성은 다분히 '종로'라고 하는 중앙권력을 지향하거나 이와 관계된 영향력에서 파생되었을 가능성이 매우 크다. 19세기말과 20세기초, 다양한 경로를 활용해 신분 상승을 위해 모여든 사람들에게 한양·경성의 종로는 그 수요를 감당할 수 없게 좁았고, 이때의 사람들에게 신설동은 '종로가 확장된' 신도시였을 것이다.

따뜻한 곳이지만,
잠시 머물다 삶의 다른 기회가 생기면
옮기기 쉬운 동네, 용두동

신설동 바로 옆에 붙어있지만, 청계천변과 가까이 있었던 용두동은 전혀 다른 정체성이 있었다. 용두동의 동명은 마을 뒷산의 산세가 용의 머리와 같다고해서 '용머리' 또는 '용두리'라고 불리웠던 것에서 기원한다[27]. 하지만 동네에 대한 이런 근사한 비유와는 달리, 역사적으로 중요하게 다루어진 지역이나 사건이 거의 없는 이 지역은 사람들에게 한국전쟁 이후 이북에서 내려온 사람들이 모여 사는 판자촌으로서의 기억이 강하다. 청년 전태일이 이리저리 옮겨 다닌 판자촌 중의 한 곳도 청계천변 근처 이곳 용두동이었다. 이런 용두동의 어려웠던 삶의 기억을 고스란히 들여다 볼 수 있는 기록을 서울역사박물관 생애사 인터뷰 자료에서 찾을 수 있었다. 1956년생으로 용두동에서 태어나 2012년 인터뷰 당시까지 용두동에 살고 있던 양의식 씨다. 용두동 토박이가 기억하는 용두동은 어떤 곳이었을까.

1956년생 양의식 씨가 기억하는 용두동은 그가 고등학교를 다녔던 1970년
대 초반까지도 자신의 가족을 포함해 80퍼센트 이상이 북한에서 내려온 피난
민이었다. 공동체 의식이 강했으며, 그 동네에 정착한 2세들은 대부분 마을 어
른들의 보살핌 속에서 따뜻한 유년기를 보냈다고 기억한다[28]. 그래서 동네는
가난했지만, 끼니때가 되면 어떤 집이라도 들어가서 밥을 먹을 수가 있었다고
전한다.

다만 용두동은 1960~1970년대를 거치면서 반복적인 개발 이슈와 판자촌 철
거 이슈가 겹쳐서 지역 토박이들이 머물 수 없는 환경이 조성된다. 실제로 양
의식 씨에 의하면 자신의 초등학교 동창 95퍼센트가 다 이 동네를 떴다고 언급
한다. 양의식 씨의 인터뷰를 통해서 나타난 바로 용두동은 그 이후에도 정주를
하는 사람들이 많지는 않다고 전한다. 용두동의 정체성 자체가 저렴하게 잠시
머물다가 삶의 또 다른 기회가 생기면 옮기기 쉬운 정거장 같은 곳이라고 사람
들은 생각했던 것이다.

용두동의 정체성은 서울의 동부권 교통과 대형시장의 중심지인 청량리와
제기동을 빼놓고 논할 수가 없다. 이렇게 보면, 서민들에게 용두동은 청량리

와 제기동을 삶의 터전으로 살아온 사람들의 저렴한 '베드타운bed town'이었던 것이다.

재개발 동상이몽의 신설동과 용두동, 그리고 용신동이 기록할 미래의 정체성

이처럼, 용두동과 신설동은 완전히 다른 동네의 정체성을 가지고 있었다. 이 것을 극명하게 대비해서 보여주는 대목이 있다. 오래된 도심의 재정비를 이유로 과거 정부들에서 재개발 이슈가 있었을 때 용두동과 신설동은 입장이 갈렸다. 가난의 기억을 빨리 묻어버리고 싶어 하듯, 많은 용두동 사람들이 재개발에 빠르게 찬성을 했고, 현재까지 활발히 추가 논의와 재개발이 진행되고 있다. 반면, 처음부터 동네의 정체성을 의심하지 않았던 신설동 사람들은 많은 이들이 2009년 시작된 재개발에 반대해서, 2012년 결국 신설2구역 사람들은 재개발 구역해제 요청을 했고, 재개발은 중단되었다[29]. 추억할 것이 없는 곳을 머물던 사람들은 새로운 경험과 미래를 원한다. 하지만, 한 줌의 유산이라도 기억해야 할 것들이 있는 사람들에게 과거는 복원되거나 기록되어야 하는 것이라고 생각할 것이다.

1990년대 초, 용두동을 '주꾸미의 동네'로 생각하는 사람들이 있었다[30]. 실제로 한 주꾸미 식당이 성공한 후 주꾸미 식당이 20곳이 넘게 있었다고 전해진다. 다만 이것은 전혀 주꾸미와는 인연이 없던 용두동의 정체성이 엉뚱하게 연결된 사례다. 현재까지도 성업 중인 주꾸미 집은 5개 정도로 그다지 많지 않다. 쭈구미의 동네라고 하기엔 뭔가 애매한 것이다. 단서는 주꾸미의 가격이

다. 과거 주꾸미는 낙지나 오징어에 비해 훨씬 저렴하고, 푸짐했다(현재는 기후 온난화 때문에 오징어보다 더 비싼 경우도 있지만, 1990년대 주꾸미 가격은 매우 저렴했다). 이 음식은 사실 용두동이 품고 있었던 가난의 이미지, 그래서 소박할 수밖에 없는 안주의 이미지를 담고 있다.

　동네의 정체성은 그 동네에 오랫동안 머문 사람들의 공간과의 관계와 시간을 쌓아온 기억이다. 가난의 기억을 가슴 아프게 담고 있는 '주꾸미 동네' 용두동과 종로의 연장선을 품고 '새로운 양반의 꿈'을 꾸었던 신설동의 역사는 이제 더 이상 기록되지 않을 것이다. 이제 앞으로의 모든 기억은 용신동의 이름으로 기록될 것이다. 가난의 기억도 전통의 유산도 없는 용신동, 쾌적한 공원과 쭉 뻗은 대단지 아파트가 들어선 '새 동네' 용신동이 담아낼 '관계와 시간'은 무엇이 될까.

도심공동체
즐거운家 용두동집

_ 이선규 대표, 조윤진 활동가

용두동의 '용두동집'은 대광고등학교에서 성북천을 건너 맞은편 골목에 있다. 골목길 안에 용두동집은 아는 사람만 들어갈 수 있게 어느 빌라의 1층 동네 책방과 연결된다. 용두동집은 외관이 독특한 빌라다. 외관은 통유리로 되어 있고 낯설게 생긴 문을 넘으면, 《이상한 나라의 앨리스》처럼 아늑한 아지트 공간인 동네책방이 나온다. 동네책방은 작년에도 몇 번 들른 적이 있었다. 그때는 주변도 조용하고 카페 안도 한적해서 말하기가 조심스러웠는데, 이번에 방문한 동네책방은 작년과 분위기가 사뭇 다르다. 열띤 대화를 하는 사람, 그림을 그리는 사람, 카페 벽면에는 사람을 모으고, 모임에 참여하길 기다리는 포스터로 가득했다. 활기 넘치는 모습에 반가운 마음이 든다.

용두동집의 대표 김선규 님과 활동가로 계신 조윤진 님을 만났다. 용두동집은 정림건축의 정림건축문화재단이 도심 속의 생활공동체를 시도하며 프로젝트로 만든 건물이다. 김선규 대표는 그 프로젝트에 활동하며 용두동집이 완성되면서 들어와 함께 살고 있다. 건물에 대한 운영은 정림건축문화재단에서 하고 있고 내부로 들어가는 프로그램, 공동체가 어떻게 살 것인가에 대한 실제 운영을 김선규 대표가 맡고 있다.

Q. 본인 소개와 함께 공간에서 어떤 일을 하고 계신지 말씀해주세요.

김선규(이하, 김): 김선규고요. 공동체에 관심이 많습니다. 저희 법인이 크게 두 가지 사업에 중점을 두고 있는데요, 하나는 주거공동체, 같이 사는 거. 셰어하우스로 한 건물에 다 같이 사는 쪽 분야가 있고, 또 하나는 현재

김선규 대표와 조윤진 활동가

동네책방 같은 공유 공간을 만들어서 지역 공동체를 활성화하는 사업입니다.

조윤진(이하, 조): 안녕하세요. 저는 조윤진이고요. 이 동네에서 태어나고 자라고, 지금은 아이도 있어요. 아이가 동네 어린이집을 다니고 있고요. 맨날 지역 주민으로 살고 있다가 우연히 동네책방과 연이 닿아서 마을공동체 사업과 마술소(마을예술창작소)를 운영하고 있습니다.

Q. 지역주민으로 살다가 어떤 계기로 동네책방을 만나게 되었나요? 또 공간이 변화하는 모습을 지켜봤을 텐데 실제 활동가로 감회가 새로울 것 같습니다.

조: 김선규 대표님 아이와 저희 아이 어린이집이 같아요. 그리고 제가 커피에 관심이 좀 있었는데 배우기 겁나니까 일단 이렇게 편한 곳에서 배우고 싶어서 연이 닿았어요. 그때까진 마을 사업을 할 줄 몰랐죠(웃음). 이 지역에 오래 살았지만 마을에 대한 애착이 있지는 않았어요. 2019년 3월부터 활동했는데, 마을지원사업은 2020년부터 하게 되었어요. 2019년에는 동네책방에서 자체적으로 진행했던 이웃학교 프로그램을 진행했고요, 2020년에는 조금 더 마을의 성격에 맞는 걸 하려고 지원사업에 지원했죠. 두 사업이 모두 선정되어 운영하게 되었어요. 그전에 있던 사철탕 건물이 앞마당이 넓은 이층집이었거든요. 그래서 이 동네에서 그 건물이 유독 눈에 띄고 나름 유명한 집이었는데 어느 날 문을 닫고 '어, 없어지나 봐' 생각했는데 이렇게 올라오더라고요. 그때까지만 해도 저는 여기랑 관련이 없었으니까 '저긴 뭘까? 창문이 통유리니까 사무실이겠지?' (웃음) 그런데 아니었더라고요.

🔅 지하1층 동네극장 🔅 1층 동네책방장 🔅 2층 공유 주방 🔅 용두동집 외관

용두동집은 지하 동네극장, 1층 동네책방, 2층 공용 주방과 사무실, 3층은 공동체 여섯 가정의 공용 서재, 세탁실, 주택으로 이루어져있다.

Q. 공동체를 이루고 함께 살면서 가장 좋은 점은 무엇인가요?

김: 아무래도 안전감이 있죠. 코로나19로 아무 데도 못 가도 재밌게 있을 수 있고요. 책방이나 극장 같은 공간이 있어도 사실상 혼자 운영한다고 하면 어려운데 그래도 여기 있는 입주자들이 함께 도와주고, 공간이 열려 있다 보니 입주자들은 자기랑 관련 없는 공간이라 생각하지 않거든요. 그래서 훨씬 더 힘을 낼 수 있죠. 혼자 하는 게 아니라 여럿이 같이 한다고 생각하니까….

공동체 안에서 거주하거나 이 공동체 관련 있는 분들은 안정감 있고 언제든지 찾아도 편안한 공간이다. 외부에서 봤을 때 이 공동체에 속하지 않아 문을 두드리거나, 넘기 어려운 선이 있을 것 같다는 생각이 들었다.

Q. 공동체에 속하지 않은 분들이 느끼는 선 같은 부분은 운영하는 입장에서 어떻게 생각하고 방안을 마련하고 계실까요?

김: 공동체라는 것이 배타성을 안 가질 수 없거든요. 왜냐하면 멤버십 자체가 여기 사는 사람들로 정해져 버리니까…. 그건 어쩔 수 없지만, 대신 1층 공간과 지하 1층 극장을 통해서 많은 사람들이 여기 와서 사람들과 친해지고 친구가 되고 이것저것 해 볼 수 있는 공간이면 참 좋을 것 같아요. 같이 사는 것까지는 부담스럽지만 '아! 이런 삶도 가능하구나' 하는 다양한 공동체의 모습을

보여줄 수 있을 것 같아요.

Q. 공동체 생활을 꿈꾸는 사람들한테 시도할 수 있는 방법, 좋은 팁을 이야기해 주신다면요?

김: 그런 요청을 자주 받는데 기본적으로 활동을 할 사람들이 모여 있어야 돼요. 혼자서는 할 수가 없죠. 근데 할 사람이 모여도 어렵죠. 저도 두 번 실패하고 뜻이 맞는 사람들이랑 세 번째 시도거든요. 되게 친하고 오랫동안 계획하고 고민했는데 실제로 딱! 땅을 사야하는 단계에 가면 굉장히 어려워요. 그래서 같이 꿈꿀 수 있는 사람들이 모여야 되고, 땅을 사고 건물을 짓고 하는데 필요한 돈이 20억~25억 원이 넘어가니까 그런 프로젝트를 혼자 할 수도 없고 모아야 되는데 이해관계가 많이 다르거든요. 직장, 아이들 교육문제도 실제로 같이 살다 보면 굉장히 첨예해요. 왜냐하면 옆에 살기 때문에 이 사람이 추구하는 바가 굉장히 잘 보이거든요. 그러니까 일단 같이 할 수 있는 사람들과 구체적으로 내가 꿈꾸는 삶이 무엇인가에 대한 세밀한 생각의 정리가 필요하죠.

맞다. 이상과 현실은 다르다. 그런 꿈을 꾼 적이 있다. 집을 지어 친한 친구와 한집에 살거나 부모님과 같이 사는 꿈. 가족과 친한 친구가 아닌 공동체의 꿈을 꾸고 같은 뜻을 가진 타인과 함께 사는 것. 수많은 이해관계 속에서 첨예하게 대립하며 제일 지키고 함께 가져가야 할 가치를 남겨 용두동집이 탄생했을 것이다. 용두동집에서 잘 살기 위해 서로 지켜야 할 규칙에 대해 1년 정도 논의를 했다고 한다. 꿈에 대해서, 우리가 추구하는 가치에 대해서, 실질적인 규칙에 대해서.

Q. 실질적인 규칙이 무엇인지 알려주세요.

김: 근데 실제로는 규칙이 거의 없어요. 뭐 청소 이런 얘기도 한 3주 이야기하고 그랬었거든요. 같이 쓰니까 청소나 냉장고를 어떻게 쓰느냐가 굉장한 이슈거든요. 그런데 지금은 그냥 '용납'해요. 저 사람이 저렇다고 인정하는 것. 대신 누구는 요리를 잘한다든가… 요리를 못 하는데 대신에 청소를 잘한다든가… 이런 것이 받아들여지면서 갈등은 사라지는 것 같아요.

Q. 조윤진 님은 활동가로서 동네책방을 운영하며 어려운 부분은 없나요? 있다면 그것을 어떻게 극복하고 해결하시나요?

조: 동네책방 문 입구가 특이하잖아요. 문으로만 봐도 넘어오기 어려운 공간인 건 맞아요. 그래서 계속 사람들에게 '우리 열려 있어요.' 이것을 계속 알리려고 하고 있어요. 지역주민이 참여할 수 있는 프로그램을 진행하는 이유도 그 중 하나에요. '우리 이런 거 하니까 같이 해요. 들어와도 돼요.' 들어오면 그분들이 마음을 아니까 또 친구를 데려오고 저희는 그런 방법으로 지금 하고 있어요. 또 저는 오래 살았으니깐 그냥 말을 걸어 봐요. 몇 번 오신 손님한테 '맛은 어떠세요?' 이렇게 물어보면서 관계를 쌓아가고 있어요.

Q. 동네책방에서 대표적인 프로그램으로 소개하고 싶은 것은 무엇이 있을까요?

조: 매주 화요일마다 지역 청년들과 함께하는 '청년밥상'이에요. 음식을 같이 해서 나눠 먹고 집에 반찬을 조금씩 싸 갈 수 있게 프로젝트를 기획했어요. '이게 과연 될까? 매주 다른 사람이 오지 않을까?' 그랬는데 혼자 사

청년밥상 모집 포스터

는 청년들이 처음에는 요리를 배울 수 있을 거라는 마음에서 왔는데, 저희도 집에서 해 먹는 거 같이 하는 정도거든요. 오신 분들이 우리의 마음을 읽은 거 같아요. 그냥 우리가 뭘 전달하고 싶었는지를 아니까 그냥 와서 같이 먹고 그 시간이 좋아서, 함께 있고 싶어서 오더라고요. 그런 마음을 읽어 주니까 고맙죠.

많은 지역주민도 알 수 있을 것이다. 용두동집, 동네책방에 들르면 따뜻한 온기가 전해진다는 것을. 말하지 않아도 꾸준히 먼저 손 내밀고, 마음속에 노크하는 활동으로 이웃과 공감하고 함께할 수 있다. 동네책방에서 차 한 잔을 즐기며 함께 사는 공동체를 엿보는 것은 어떨까? 도심 속의 공동체를 만들기 위해 노력하는 용두동집의 걸음이 기대된다.

▶ **즐거운家 용두동집**
· **주소:** 서울특별시 동대문구 안암로6길 19(용두동)
· **홈페이지:** http://junglim.org/즐거운家-용두동집/
· **안내 전화:** 02-3210-4990

청계천 따라 풍물기행

동대문문화재단의 관광 문화 프로그램 '2020 테마별 관광코스'를 알게 되어 신청했다. 무심코 지나쳐 다니던 곳이어서 자세히 들여다보거나 알려고 한 적이 없었다. 그래서 오히려 이 동네가 더 궁금했다. 춥지 않고 따뜻한 가을날이었다. 가는 곳이 모두 가깝게 있어 편안하게 산책하는 듯 걸어서 탐방 할 수 있었다.

청렴한 마음을 담은 비우당교

"저는 동대문구 해설사 송은범이고요. 오늘 가는 코스는 지금 있는 비우당교에서 출발해서 밑에 내려가 청계천 잠시 보시고요, 서울풍물시장, 우산각 공원

●○○ 비우당교 ○●○ 청계고가도로[31] ○○● 존치교각

그리고 마지막으로 동묘 벼룩시장까지 가는 코스예요. 지금 서 계신 다리는 비
우당이예요. 비우당교는 '겨우 비를 피하는 집이다, 비를 가릴만한 집이다' 라
는 뜻입니다."

　조선 세종 때 청백리[32] 하정 류관의 집 우산각은 비 오는 날 방안에서 우산
을 펴고 비를 피할 정도였다. 그의 6대 외손인 지봉 이수광은 하정 류관의 청
빈한 삶을 이어받아 '비만 피한다'는 의미의 '비우당庇雨堂'이라는 이름을 지었다
고 한다.

　"…(중략) 조선 젊은이들이 한양에 과거 시험을 보러 올라오면 꼭 들려야 하
는 두 집이 있었대요. …(중략) 바로 이수광 선생의 비우당이었어요. 지봉 이수
광 선생의 집에 가서 뭘 보냐 하면 선생의 청백한 마음, 청백리를 배우고자 해
서 그곳에 들렸다고 합니다."

청계고가도로의 흔적, 존치교각

　비우당교에서 용두공원 쪽으로 바라보니 우뚝 솟은 다리 기둥이 보인다. 고
가도로는 없지만 남겨진 세 개의 기둥을 보니 어릴 적 고가도로에 대한 기억이

되살아난다. 비나 눈을 걱정하지 않고 주말이면 그 고가도로 밑에서 이것저것 신기한 물건을 내놓고 파는 상인들을 어린 눈으로 구경했었다.

"지금 앞에 보는 것이 존치교각으로 2003년에 청계고가도로를 뜯어내면서 기념적으로 세 개의 다리를 남겨 둔 거예요. 청계천 복원과 서울 개발에 대한 역사적인 상징으로 남겨 두었고요, 존치교각은 청계천 10경 중 하나예요."

지금은 청계천을 따라 광화문 광장까지 연결되는 모습이 당연한데 고가도로를 허물고 물이 흐르는 천으로 복원한다고 했을 때 '그게 과연 가능할까?' 놀랐던 기억이 있다. 자연의 모습으로 돌아가니 좋다. 맑은 물 아래 유유히 물고기가 노니는 것이 보인다. 소풍을 나온 어린아이처럼 해설사의 뒤를 따라 비우당교 아래 청계천으로 내려갔다. 흐르는 물이 있고, 흔들리는 나뭇잎이 있고 코로나로, 마스크로 답답한 마음이 풀리는 기분이다.

조선 역사의 시작과 함께한 청계천

"청계천은 조선 역사가 시작되면서 주목을 받게 됐죠. 원래 조선시대에는 '물길을 연다' 라는 뜻의 열 개開 자의 개천이었어요. 그러다가 일제 강점기 때부터 청계천으로 불립니다. 조선시대 한양으로 도읍이 정해지면서 청계천이 중심지가 되는데, 지금의 서울과는 많이 다르지요. 도성 안에 흐르는 물은 개천밖에 없었어요. 우리가 알고 있는 한강은 도성 밖으로 흐르기 때문에 주로 세금을 운반하는 교통로로 사용하게 되었죠."

●○ 조선시대 개천의 모습 ○● **청계천변 판자촌**[33]

청계천변엔 누가 살았을까?

해설사는 조선시대부터 청계천변의 사람들이 눈앞에 살아 움직이며 생활하는 것처럼 생생하고 재미있는 이야기를 들려주었다. 조선시대 중인[34]이 살았던 것부터 개천이 범람해서 하천 바닥을 퍼낸 흙을 다리 주위에 놓으며 가산[35]이 생긴 것. 그 가산에 땅굴을 파고 경형[36]을 받은 사람들이 생활하며 나중에는 걸인들의 근거지가 되었다는 것. 조정에서는 가산에서 생활하는 사람들에게 뱀을 잡는 독점권을 주고, 뱀 잡는 사람을 땅꾼이라고 부르게 된 유래. 일제강점기, 청계천변에 가난한 걸인이 사는 것이 마음에 들지 않아 복개공사가 시작된 것까지. 변화무쌍한 청계천변의 모습에 각 시대를 살아온 서민들의 생생한 생활이 그려진다.

청계천의 변화, 복개와 복원

"(중략)… 마지막으로 복개공사가 된 거는 1977년도인데 여기서 좀 내려가다 보면 신답역 철도, 철교 있죠? 거기까지 복개공사가 다 완성이 돼요. 그런데 1950년 한국전쟁이 일어났죠. 한국전쟁이 일어나면서 이곳에 더 많은 사람들이 모여 와 살아요. 폭격 맞아서 집이 없는 사람, 북에서부터 내려온 사람, 또 살기가 힘든 사람이 와서 만들어낸 풍경이 무엇이냐면 판자촌이에요. 판자촌을 겹겹이 쌓아서 살게 되는데 …(중략)… 여기 있는 사람들이 뭔가 먹고 살아야 되니까 생계수단으로 고물상, 노점 이런 것을 하게 된거죠. 특히 이곳에 뭐가 많았냐면 염색 공장이 많았어요. 염색하면서 나오는 폐수, 악취로 주변 환경이 안 좋아지면서 복개공사가 점점 더 시급하게 되죠." 현재 복원된 청계천에는 22개의 다리가 있고 저마다의 사연을 품고 있다.

도깨비시장, 개미시장, 서울풍물시장

"이제 풍물시장으로 이동할게요. 서울풍물시장은 옛날에 황학동 벼룩시장이라고 불렀어요. 사대문 밖, 동대문 주변 논과 밭에 황학들이 날아온다고 해서 황학동이라는 이름이 붙여졌다고 합니다. …(중략)… 황학동 일대가 크게 그 변하게 된 계기는 한국전쟁 때에요. 아까 이야기한 것처럼 판잣집 사람들이 생계를 위한 수단으로 고물상을 시작했어요. 점점 그 범위가 넓어져 노점상도 많아지고 미국 물품을 파는 곳도 있고… 뭐 되게 복잡했어요. 그러다 1970년대 되면서 황학동에 조선시대 도자기라든가 책, 옛날 물건들을 가져와서 팔게 되면

서 골동품 시장으로 바뀌게 되죠. 이때부터 사람들이 '도깨비시장이다, 개미시장이다' 하면서 별칭이 생기게 됩니다. 도깨비시장이라고 한 것은 '못 쓰는 물건을 가져다 새로 고쳐서 새것처럼 해서 판다'는 그런 의미도 있고, '낮에는 사람이 엄청 많아 인산인해를 이루다가 밤만 되면 싹 사라진다'는 뜻도 있어요. 개미시장이라고 부른 것은 '시장 사람들이 개미처럼 일을 한다', '개미처럼 전국 방방곡곡에서 물건을 버리지 않고, 버리는 물건 없이 다 가져다가 판다' 그런 의미라고 해요. 그래서 '황학동에 가면 못 구할 물건이 없다'라는 말도 생겨나죠." 모 방송프로그램에서 유명 연예인이 이곳과 동묘시장을 다녀가서 많이 알려졌는데, 탐방하는 날은 평일 오전이라 그런지 많이 한적했다.

서울풍물시장의 2층 '청춘 1번가'에는 다방, 만화방, 오락실, 문방구, 복덕방 등 옛 향수를 불러일으키는 체험존으로 꾸며져 있다. 함께 탐방하는 분들이 이곳에서 가장 열띠게 반응하고 추억들을 쏟아냈다. 옛 기억을 머금고 동대문도서관 앞 우산각 공원으로 향했다.

하정 류관의 우산각 공원

"혹시 그런 거 들어보신 적이 있나요? 서울시 공무원들 대상으로 청렴결백한 공무원들에게 시상하는 '하정 청백리상'이라는 게 있어요. 하정이란 분이 아까 비우당교에서 말했던 조선 세종시대 청백리 유관 선생의 호예요. …(중략)… 유관 선생의 가장 유명한 일화가 있어요. 여름 장마철이 되면 비가 많이 오잖아요. 어느 날 비가 너무 많이 와서 유관 선생님 집 천장에서 비가 새더랍니다. 그래서 유관 선생이 우산을 들고 책을 읽고 있는데, 그 옆에 부인이 '우리는 이렇게 우산이라도 있지만 우산이 없는 사람은 어떻게 이 비를 피할까?' 이렇게 얘기를 했대요. 그 말을 듣고 유관 선생님 바로 이웃에게 우산을 줬다는 일화가 있습니다. 그래서 사람들이 유관 선생 집을 우산각이라고 부르게 됐고, 그 일대 동네를 우산각골이라고 부르게 되었습니다. 우산각골은 지금의 창신동과 숭인동 그리고 보문동, 신설동 일대를 말해요."

마지막 코스인 동묘로 이동하면서 신설동 가죽시장과 동묘, 동묘의 벼룩시장까지 볼 수 있었다. 항상 지나면서 막연하게 가깝다고 생각한 곳이 낯설고, 새롭게 다가왔다. 짧은 시간 동안 전혀 새로운 공간여행을 한 기분이었다. 단지 우리가 펼쳐보지 않았을 뿐, 거창한 역사 교과서만이 아니라 내가 사는 동네에도 옛사람들의 삶의 흔적은 켜켜이 쌓여있었다. 탐방을 마칠 때쯤 나는 내가 사는 동네가 한결 더 궁금해졌다.

터줏대감의
선한 영향력

_ 동아제약

동대문구에는 '보제원(조선시대 굶주린 백성을 진휼하고 의술을 베푼 곳)'이 있었고, 현재까지도 우리나라에서 가장 큰 한약재 시장인 약령시장이 있는 동네다. 우연인지 필연인지 우리나라 제약회사 중 다섯 손가락 안에 뽑힐만한 큰 회사가 동대문구 천호대로 64(용두동)에 있다. 바로 '박카스'로 유명한 '동아제약'이다.

아직도 생각나는 옛날 박카스 광고 문구가 있다. '사는 게 피로하지 않은 사람은 없다.' 그 광고를 처음 보고 매 순간 느끼는 삶의 피로감을 알아줘 위로받는 것 같았다. 그래서인지 지금까지 시민들 가까이 있는 제품들을 생산하는 우리 동네 기업 '동아제약'을 꼭 취재하고 싶었다. 하지만 주변에는 동아제약과 연결된 사람들이 없어 무작정 홍보팀으로 전화했다.

"아~ 예. 제가 지금은 자세하게 말씀 듣기는 어렵고요. 메일로 취재 내용 보내주시면 논의해 연락드리겠습니다." 그렇게 보낸 메일은 주말이 지나고 사회

● ○ 동아제약 CSR팀 김경태 부장 ○ ● 용두동 동아제약 본사 웰컴센터

공헌팀 부장님이 인터뷰 하시기로 했으니 일정 잡자는 회신으로 돌아왔다. '오 ~ 역시 박카스 회사는 거부하지 않을 줄 알았어.' 속으로 뿌듯해하며, 인터뷰 일정을 잡고 며칠 후 동아제약 본사 웰컴센터를 방문했다.

동아제약 주변은 수도 없이 다닌 길이다. 그런데도 모두 승용차로, 버스로, 택시로만 다녀서 그런지, 굉장히 낯설었다. 그런데 웰컴센터에 들어서니 입구에서 오늘 만날 분이 반겨주며, 방역에 필요한 여러 가지를 도와준다. 바로 동아제약 커뮤니케이션실 CSR팀 김경태 부장이다.

"동아제약이 2020년 88주년입니다. 그리고 저는 근속 20년 상을 받아요. 알고 연락해주신 거 아닌가 싶을 만큼 인터뷰지 보내주셨을 때 기분 좋았습니다." 기분 좋게 반겨주니, 어깨춤이 절로 났다. 기분에 취해 오늘 왜 왔는지 잊어버리기 전에 동아제약 역사부터 서둘러 물었다.

동아제약은 1932년 12월 강중희 선대회장의 '강중희 상점' 창업으로 시작되었다. 1958년 5월 동대문구 용두동에 항생물질 생산 공장이 준공되며, 동아제약 용두동 역사가 시작된다. 그 당시 용두동은 배추밭 천지였단다. 배추밭이라 땅값이 싼 이유도 있었겠지만, 성동역이나, 약령시장이 가까워 유통에 유리한 부분도 없지 않았을까 생각했지만 특별한 이유는 확인할 수 없었다.

●○ 1958년 용두동 공장 준공식, 가운데 故 강중희 선대회장
○● 독일 체류 당시 강신호 명예회장

용두동 시대가 열리고, 1959년 독일에서 강신호 명예회장의 귀국과 함께 동아제약이 비약적으로 발전한다. 새로운 마케팅 기업(DSC: Dong-A Sales Circle, 동아제약만의 유통 관리 마케팅)으로 유통업체와 상생 구조를 만들어 유통 불균형을 해결한다. 1960년대 주력제품 '생명수'라는 소화제가 당시 사람들의 마음이 담겨있는 것 같다. 옛날 신문을 검색해보니 경향신문, 동아일보, 조선일보 등에 1958년부터 1960년까지 꾸준하게 광고가 게재되어 있었다.

국민드링크라 할 수 있는 '박카스'의 역사는 1963년 8월 박카스D가 발매되면서 시작된다. '술과 담배 그리고 피로로부터 간장을 보호한다.' 당시 광고 문구다. 동아제약 80년사 자료집에 박카스가 앰플, 알약으로도 생산되었던 사진이 있었다.

1960년 3월 31일자 조선일보 신문광고

김경태 부장에게 동아제약은 어떤 곳이었을까. 20대 대학을 갓 졸업한 김 부

장은 용두동에 있는 동아제약으로 면접을
보러왔었다고 한다. 친구랑 둘이 와서 혼
자만 붙었다는 깨알 자랑도 잊지 않았다.
사회공헌팀이 별도 부서로 조직된 것도
2014년인데, 제약회사 중 가장 먼저 생겼
을 것이라며, 회사의 사명과 가치를 온몸
에 담고 있다는 듯 진행하고 있는 사회공
헌들을 끝없이 쏟아냈다.

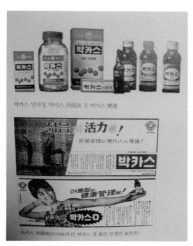

사진으로 보는 동아제약, 1980년대 광고 사진

현재 동아제약은 평화(레바논 평화유지단
파병 장병지원 등)와 환경(청소년 환경 사랑·생
명 사랑 교실 운영, 서울시 도시 숲 조성사업, 평화의 숲 조성 등)을 위한 활동과 청년
에게 도전(대학생 국토대장정) 기회를 제공하고, 청소년에게 학습(장학사업) 기회
도 제공한다.

취약계층을 위한 사회공헌활동(여성 청소년 생리대 후원, 저소득 암환자 약제비 지
원 등)뿐 아니라, 지역사회(아침머꼬 조식 지원사업, 밥퍼 봉사 활동, 사랑 나눔 바자회,
박수데이: 노인복지관 매주 수요일 박카스 무료 나눔, 편평한 세상 만들기: 약국 경사로 설
치 등)를 위한 봉사활동과 정기적인 기부 행사를 꾸준히 하고 있다. 더불어 다
양한 문화 활동(여성 백일장 대회, 지역사회 청년·청소년 아마추어 오케스트라: 메리투게
더 등)지원까지 다 쓰기 어려울 만큼 끝이 없다.

사훈이 '창의·혁신·봉사'로 되어있기에 비영리재단의 사훈 같다고 생각했는
데, 실제로 동아제약은 1987년 수석장학회를 만들고, 1993년 수석문화재단이
출범하여 다양한 문화 및 장학사업을 하고 있었다. 또 경북 상주에서 상주학원
법인이 상주고등학교를 운영한다. 심지어 강신호 명예회장은 동대문구사회복

지협의회 1대~3대까지 회장을 지냈다(나
중에 찾아보니 동대문사회복지협의회 4대 회장까
지도 현 동아제약 사장이었다).

동아제약 사명, 강신호 명예회장 2006년 휘호

　코로나19 때문에 힘든 일상을 얘기하며
제약회사니만큼 현재를 바라보는 다른 시
선이 있겠기에 한참 보도 중인 코로나 치
료제나, 백신에 관한 생각을 물었다.

　"제약회사의 가장 큰 사회공헌은 신약 개발입니다." 동아제약의 사명은 그
자체로 사회공헌이었고, 회사의 정체성이었다. 마지막으로 지역주민에게 하고
픈 말을 물었다. "박카스, 가그린…. 늘 곁에 두시고, 동아제약 생각해주시면
좋죠. 저희도 계속 노력하고 있으니, 지역사회와 함께할 일이 있다면 제안도
좋아요."

　인터뷰 내내 어려운 단어도, '대기업 부장스러움'도 전혀 없었다. 하지만 그
의 '드러내 놓고 하는 자랑'에는 회사에 대한 진심어린 자랑스러움이 있었다.
경쟁보다는 상생과 사회공헌을 생각하는 기업의 일원으로서의 자랑스러움이
었으리라. 이런 회사가 우리 동네에 있다는 사실에 더 기분이 좋았다. 동아제
약의 선한 영향력이 지역을 넘어, 대한민국을 넘어 전 세계로 펼쳐지기를. 동
시에 동아제약의 가장 큰 사회공헌인 '신약 개발'이 꾸준히 이어지기를. 진심으
로 기원한다.

여덟 번째
이음

답십리동

리(里)에서
동(洞)으로

답십리동

Dapsimni-dong

踏十里洞

숭인중학교

동대문중학교

전농초등학교

답십리공원

간데메공원

동대문구 사회적경제지원센터

동대문구
답십리 도서관

답십리사거리

촬영소 고개

답십리
래미안위브

동대문구
체육관

동답초등학교
(옛 영화촬영소)

힐스테이트
청계아파트

답십리1동
주민센터

신답육교 교차로

답십리초등학교

답십리
고미술상가

군만두의 달인

답십리
파크자이

답십리2동
주민센터

답십리
현대시장

답십리역 5호선

청량리, 답십리, 화양리, 망우리, 왕십리, 수유리, 미아리…. 서울이지만 '리里'로 이름이 끝나는 동네다. 하물며 '화양리'는 '화양동'으로, '망우리'는 '망우동'으로 바뀌었지만, 아직도 '화양리'로 '망우리'로 부른다. 그곳에 사는 사람들은 지인들에게 서울이 맞냐는 얘기를 많이 듣고 친한 지인에게는 꼭 '동'이라고 하라고도 한다. 답십리동 주민도 마찬가지다. 지방에 있는 친구는 서울이 맞냐고 묻고, 그래서 꼭 답십리가 아닌 답십리동으로 불러달라고 한다. 이곳들이 왜 '리'가 붙은 동네가 되었는지 궁금했다.

이런저런 자료를 찾아보고 내린 추론이지만 '리'가 붙은 동네는 옛 수도 한양 사대문 안에서 밖으로 밀려난 사람들이 만든 동네였다. 1957년 9월 14일, 세종로의 300여 세대의 판자촌이 자진 철거하여 체신부에서 제공한 답십리 천막촌으로 이주했다. 전쟁으로 가난해진 사람들이 서울 중심부 개발에 밀려 집단적인 판자촌을 형성했던 것이다.

하지만 지금의 답십리동은 판잣집의 그림자도 찾아볼 수 없고, 상상도 안될 만큼 좋은 아파트와 각종 주민편의시설이 잘 갖춰진 동네이다. 답십리동의 옛 기억부터 현재를 살아가는 사람을 인터뷰하며, 판잣집을 기억하는 사람도 만나고, 천호대로가 천이었을 때를 기억하는 사람도 만났다. 가난의 기억을 얘기하려는 사람은 거의 없었다. 하지만, 대부분은 '옛사람들'을 그리워하고 있었다. 우리는 궁금했다. 답십리동이 이렇게 좋아지면서 밀려난 사람들은 어디서 어떤 역사를 만들고 있을까? 또 다른 곳에 살다 답십리동에 온 사람들은 어떤 역사를 만들고 있을까?

명품 조연
역할의
역사성

사람들의 마음속에 '비싼 아파트'의 공식은 있다. 새 아파트, 가까운 공원, 쾌적한 전망, 대규모 단지, 반듯한 주변 도로, 여기에 화룡점정으로 '역세권'이라는 라벨을 붙이면 끝. 서울 시내에 이 정도 스펙이면, 대부분 10억 원이 넘는다. 그런데 이런 아파트가 답십리에 많다. 청량리역과 답십리역이라는 초역세권에 청계천 조망, 공원까지. 시골 느낌의 '리里'가 붙은 것과는 딴판으로 지금의 답십리는 매우 현대적이다. 서울시 뉴타운 사업의 결과다. 2002년부터 시작된 서울시 뉴타운 사업은 아직 진척이 안 된 곳도 많지만, 답십리는 이명박 정부가 집권한 2007년 이후 일사천리로 진행되었다.

2021년 현재, 동대문구 지역에는 2개의 뉴타운 사업(이문·휘경 뉴타운과 전농·답십리 뉴타운)이 진행 중이다. 이중 이문·휘경 뉴타운[37]사업의 경우 주민과의 협의 과정이 순탄치 못해 최근에야 휘경동에 새로운 아파트 단지가 들어섰고,

●○ **1977년 답십리**(출처: 서울정보소통광장) ○● **2018년 답십리**(출처: 한국경제)

이 사업은 지금도 계속해서 진행 중이다. 반면, 전농·답십리 뉴타운[38]사업에서 특히 '답십리'의 8구역과 16구역은 사업이 완료되어 입주까지 완료된 상태다. 뉴타운 사업은 일방적으로 진행되는 사업은 아니다. 지역 거주민들의 동의가 필수적이라는 얘기다. 그래서 현재 '새 답십리의 속도'는 동네를 바꾸고 싶어 하던 원주민들의 찬성 여론 속도에 비례한다.

대규모의 지역개발사업은 동네를 단숨에 '새것'으로 바꾼다는 의미에서는 좋을 수 있지만, 그 공간의 과거 역사나 추억을 깡그리 지워버릴 수 있다는 측면도 양립한다. 이런 차원으로 보면, 답십리에 살던 원주민들은 뭔가를 '재빨리 지워버리고' 싶었던 것 같다. 답십리를 하루빨리 '새 동네'로 만들고 싶었던, 원주민들이 기억하는 답십리의 과거는 어떤 모습이었던 것일까.

무학대사는 어디를 '밟았던' 것일까?

답십리의 역사를 위키백과에서 찾아보면 명칭에 대한 몇 가지 설을 전하고 있다. 한 가지는 조선 초 무학대사가 도읍을 정하려고, 이곳을 '밟았다(踏, 밟을

답)'라고 해서 '답십리踏+里'라고 하는 설이 있고, 또 다른 설은 동대문인 흥인지문에서 약 10리 정도 떨어진 곳이라고 해서 답십리라는 이야기가 있다. 세 번째 설은 이 지역의 논(畓, 논 답)이 10리에 걸쳐있다고 해서 답십리라고 하는 설이 있다는 것이다. 현재까지 어느 설이 정설인지는 알 수가 없다. 하지만, 한 가지 분명한 것은 '무학대사'가 실제로 '밟은 곳'은 답십리가 아닐 가능성이 매우 크다는 것이다. 왜냐하면, 완전히 똑같은 역사적 정체성을 이미 '왕십리'가 선점하고 있기 때문이다.

서울시 역사편찬위원회에서 1984년에 발간한 자료[39]에 의하면, 왕십리往+里라는 동명洞名에 대한 유래도 답십리와 유사하다. 조선 초, 무학대사가 도읍을 정하려고 이곳까지 와서 도선 대사의 변신인 늙은 농부로부터 가르침을 받아 왕십리라고 칭했다는 것이다. 이런 역사적 정체성의 흔적은 지금도 발견할 수 있다(왕십리 인근의 도선사거리, 무학여고 등). 실제로 거리를 재어 봐도 한양도성인 경복궁에서 직선거리로 약 4킬로미터 남짓, 딱 10리다. 경복궁에서 걸어서(往, 갈 왕), 십리+里인 것이다. 답십리는 경복궁을 중심으로 하면, 약 8킬로미터 대략 20리 가까이 된다. 무학대사가 밟은 땅은 답십리가 아니라 왕십리였다.

그렇다면, '답십리'의 '십리+里'는 무엇을 기준으로 한 거리일까? 거리를 재어 보면, 어렴풋한 답이 나온다. 흥인지문을 기준점으로 보면, 답십리역 근처가 딱 4킬로미터 남짓, 딱 10리가 된다(성저십리). 그리고 이 지역은 산이 거의 없고, 지류를 근처에 둔 평지에 가깝다(촬영소 고개가 있기는 하지만, 산이라고 보기엔 현저하게 낮다). 즉, 이곳은 농사를 짓기에 딱 좋은 지형, 즉 '논밭이 넓게 펼쳐져 있던 지역'이라는 뜻이다. 답십리가 이렇게 청계천을 지류로 한 농사짓기에 좋은 지역이라는 추정은 청계천을 함께 끼고 있는 (현재 행정구역으로는 성동구로 편입된) 용답동이 과거 높은 논밭이었다는 역사적 사실도 하나의 근거가 된다. 정리하면, 역사적으로 답십리는 농사를 짓기 좋은 동네였다는 뜻이다. 그리고 이 사실은 답십리의 역사에서 중요한 근거가 된다.

답십리의 정체성은
청량리보다는 왕십리에 가까웠다

사실, 답십리는 뚜렷한 정체성이 없다. 지금 사람들은 청량리역과의 접근성 때문에 답십리를 청량리와 묶는 경향이 있지만, 이 지역의 역사적 정체성은 왕십리 지역과 더 잘 묶인다. 왕십리는 조선 전기부터 한양도성에 채소를 공급하던 배후지였다[40]. 당시에는 저장시설과 운송수단이 빈약했기 때문에 고기나 채소류 등 부패하기 쉬운 농산물을 먼 곳에서 운반할 수 없었다. 그래서 청계천 주변의 왕십리를 비롯한 인근의 지역 일대(그래서, 지금의 마장동 일대에 우시장이 자연스럽게 형성되었다)는 한양 도성 내의 서울 사람들에게 채소 공급지로서 역할을 했다고 전해진다. 인근에 있는 청계천을 활용하면 채소를 심고 재배하기에 최적의 장소였기 때문이다. 답십리의 정체성은 바로 여기서 파생된 것으로 보인다. 청계천의 지류를 활용해 왕십리와 답십리라는 양쪽의 농사지역에서 순무나무, 배추 등을 재배해 도성에 공급하는 역할을 했다. 이와 같은 지리적 추론은 서울역사박물관에서 출판한 1760년대의 한양 지도에도 잘 나타나 있다[41].

이러한 조선시대의 역사를 토대로 일제 강점기를 거쳐 서울의 인구가 급속도로 늘어나면서 교외의 채소, 과수 농업이라는 답십리의 정체성도 왕십리와 함께 점점 더 강화된 것으로 보인다. 과거 청계천 주변의 '생활 오수'가 많았던 것도 사실, 이 채소 재배지로서의 정체성과 관련된 것이다. 실제로 청계천의 검정 다리 근처에는 서울 시내의 인분을 처리하는 인분 저장소가 있었고, 이 저장소의 인분을 왕십리 일대의 채소밭 거름으로 사용했기 때문이다. 이런 이유로 청계천 인근의 용두동, 답십리, 왕십리 인근에는 파리 떼가 들끓었다고 전해진다(나이 드신 어른들은 지금도 이것을 어린 시절의 아주 강렬한 기억으로 저장하고 있었다).

이후 한국전쟁을 겪으면서 왕십리 지역은 인민군의 폭격 때문에 상당수의 집이 소실되고, 청계천을 중심으로 양쪽(왕십리 지역과 답십리 지역) 모두에 무허가 판잣집이 난립하기 시작했다고 전해진다[42]. 여기에 더해 서울시에서는 1970년대 초반, 불량주거지 재개발을 명목으로 중심가의 판자촌에 거주하는 빈곤층을 도심에서 내모는 정책을 펼치는데 이때 경제적 취약 계층은 어쩔 수 없이 청계천 주변으로 다시 모여들게 되었다[43].

정리하면, 조선시대 이래 현대에 이르기까지 한양·서울 사람들의 소소한 '채소 반찬'을 담당하던 답십리는 임금님이 제사를 지낸다거나(선농단), 경기 동부와 강원을 잇는 요충지(청량리)라거나 하는 공간으로서 '주연'의 역할을 단 한 번도 맡아본 적이 없었다. 오히려 오갈 데 없는 사람들의 가난을 품어주던, 그리고 그 가난을 잠시 피하고자 모여들었던 '색깔 없는' 동네였다. 그런데, 바로 이 색깔 없는 동네에, 가난을 피해 몰려들던 바로 1960년대에, 문화생활은 사치로 취급되던 1960년대에, 답십리는 강렬한 색을 갖게 되는 공간을 품게 된다. 답십리 영화촬영소다.

가난이 일상이던 동네가 품은 문화생산의 전진기지, 답십리 영화촬영소

홍상수 감독의 모친인 전옥숙 여사는 1964년 3월, 연합영화사를 설립하고 사재를 털어, 당시 장화 없이는 이동조차 힘들었던 습지대이자 논밭만 무성하던 답십리에 2,000평 부지의 촬영소를 건립한다[44]. 1960년대의 상황을 고려해보면 이 공간은 대단히 독특했다. 당시의 영화촬영소들이 허름한 창고를 일회용으로 개조해 쓰고 버리며, 영화계에서 일하는 노동자들의 인권이 전혀 존중받지 못하던 시절이었다. 이런 차원에서 이 공간은 매우 혁신적이자 진보적인 공간이었다. 당시 답십리 촬영소는 녹음실, 현상실, 변전실 등 영화 제작 과정을 전반적으로 해결할 수 있는 거의 유일한 공간이었다. 게다가 직원 복지를 위한 식당과 커피숍, 욕실을 갖추고 있던 시대를 앞서간 공간이었던 것이다. 결핍이 충족되었을 때 비로소 사람들은 창의성을 발휘한다고 믿었던 것일까. 이후 전옥숙은 자신이 설립한 연합영화사(이후 대한연합영화 주식회사)를 통해 1960년대 한국사회의 명작이라고 일컬어지는 부부 전쟁(1964), 밀회(1965), 이수일과 심순애(1965), 나운규 일생(1966), 바보(1966), 민 검사와 여선생(1966), 그대 앞에 가련다(1966), 이만희 감독의 생명(1969) 등 80여 편을 쏟아낸다.

전옥숙 여사가 이 답십리 영화촬영소라는 공간을 통해 무엇을 말하고 싶었는지는 정확히 알 수 없다. 하지만, 유창한 일본어 실력(나중에 일본 후지TV 한국지사장까지 역임한다)에 고학력이라는 스펙만 보면, 자신의 영달만을 위해서 이런 수고스러운 일, 더욱이 직원 복지를 위한 세심함을 도모했을 것 같지는 않다. 진보적인 이념을 꿈꾸었던 그의 청년 시절과 당시 영화인들과 지식인들의 대모 역할을 했다는 흔적들을 돌아보면, 전옥숙은 이곳에 영화 제작을 위한 유토

피아를 건설하고 싶었던 것 같다. 사람들의 창의적 성과물을 내기 위해서는 기본적으로 무엇이 갖추어져야 하는가를 말이다. 지금은 '동답초등학교'로 바뀐 공간은 바로 인근에 '영화 전시관'의 형태로 흔적만이 남아있었지만, 답십리라고 하는 무색의 정체성에 강렬한 한 점을 그려 넣은 역사적 공간이다.

지금의 답십리에는 40~50년 전의 원주민들이 거의 살지 않는다. 과거의 기억에 관한 기록이 거의 없고, 과거를 기억하는 사람도 거의 없다. 가난의 기억을 기록하거나 기억하고 싶지 않은 것이다. 뉴타운 초기(2008년), 지역에서 오랫동안 머물렀던 주민들은 이 사업을 추진한 이명박 대통령에게 매우 고마워했다[45]. 오래된 주민들에게 답십리는 빨리 지워야 할 기억이었다. 가난은 누구에게나 피하고 싶은 기억일 수 있다. 가난을 부끄럽게 생각하는 건, 결국 내가 어떻게 보여지는가에 대한 부끄러움이고 두려움이며, 내가 받았던 상처의 기억이다. 그런데 역설적이게도 억압과 회피는 상처를 치유해주지 못한다. 오히려 드러내고 기록하고 기억해야 한다. 그래야 상처가 아닌 일상이 되고, 그 기억 속에 평온해진다. 이런 측면에서 답십리는 다시 기억되어야 한다. 답십리는 그저 가난하고 힘들었던 동네가 아니라, 가난을 품어주고 서민들의 소소한 밥상을 책임지던 명품 조연의 역사성을 가진 동네였다고.

답십리의
옛 기억

_ 답십리2동 주민자치회 박주호 회장

"제가 여기 맨 처음에 왔을 때는 답십리에 아파트가 거의 없었어요. 아파트는 촬영소 고개 위에 한양아파트가 유일했었고, 산동네 답십리였어요. 지금 답십리 파크자이아파트 같은 경우도 야산이었어요. 그리고 촬영소 고개에 길이 났죠. 그때 즈음 왔거든요. 뭐 장마 한 번 지면 물이 막 무릎까지 차고 했어요. 막 떠다니고….."

그의 기억 속에 있는 답십리는 현재와는 달랐다. 고층 아파트는 물론이고, 번듯한 건물도 없다. 대신 그의 기억에는 사람이 있었다. 또 오랫동안 경찰청 소속의 '청소년육성회' 회장직을 맡으며,

박주호 답십리2동 주민자치회장

청동장학회를 통해 장학금을 지급해 온 그는 장학금 수혜자를 선정하고 지급할 때 복지 사각지대에 있는 분들께 닿도록 더 노력한다. 또한 복지시스템으로 지원할 수 없는 틈을 찾아 지원하려는 그의 노력을 보며, '환경은 변했지만, 답십리는 아직도 사람, 인정이 중심이구나'하는 생각을 하게 했다.

"그 당시에는 답십리 천주교 쪽으로 인력시장이 있었어요. 인력시장에 새벽 4시 반~5시가 되면 인력 하시는 분들이 최소한 200~300명이 왔어요. 지금은 없어졌지만, 그때는 굉장히 컸어요. 여기 현대시장 입구 쪽부터 성당 쪽까지 그리고 지금 농협 자리는 옛날에 목욕탕이 있었어요. 그러니까 겨울에도 목욕탕 굴뚝이 있으니까 따뜻하잖아요. 사람들이 자동으로 많이 모였죠. 친목회 같은 것도 많았어요. 그때 만난 분들을 지금까지 만나고 있고."

그가 마을 일을 오랫동안 해왔던 이유는 그 사람들과 함께할 수 있었기 때문이었던 것 같다. 아파트가 들어서면서 주변 환경도 깨끗해지고 집값도 그만큼 올라가고 좋았지만, 원주민이 15퍼센트 정도만 남은 것 같다는 그의 말에 아쉬움이 묻어났다. 주민자치회 초대회장에 선출되었으니, 동네 사람들과 무엇을 하고 싶고, 어떤 부분에 역점을 두고 있는지 물었다.

"주민자치위원회가 아는 사람들만 계속할 수밖에 없는 구조인데, 제 조그만

옛 전농·답십리로

바람은 우리 주민자치회 회원 47명이 네 편 내 편 가르지 않고 같이 보듬고, 오직 답십리2동 주민자치회로만 화합해 가려고 지금 열심히 노력 중입니다. 그리고 없는 걸 강제로 찾아서 남 보여주기 식은 안 되는 거고, 우리가 주민자치위원으로서 설령 새로운 거창한 걸 찾았다고 해도 우리가 진행할 수가 없는 과제면 안 되잖아요. 그렇게 거창한 걸 잡아봤자 의미가 없으니까, 조그마하게 라도 우리가 할 수 있는 걸 찾아서 하려고요."

주민들의 화합을 중심으로 우리가 할 수 있는 동네 의제를 찾아 풀어나가겠다는 포부는 평범한 것 같지만, 가장 기본을 얘기하고 있었다. 사는 동네에 대해 잘 알고, 스스로 할 수 있는 것부터, 작은 것부터 만들어나가는 답십리2동 주민자치회가 출범했으니, 환경도 좋고 사람도 좋은 더할 나위 없이 살기 좋은 동네가 되는 것은 시간 문제 아닐까.

군만두의 달인

_ 박종연, 김길자 사장님

답십리 현대시장 입구가 보이는 오른쪽 골목에 '군만두의 달인'이라는 동그란 간판이 있다. 가게 앞에 사람들이 핸드폰을 만지작거리거나 담소를 나누며 서 있다. 가까이 다가가 보니 만두를 주문하고 기다리는 사람들이다. 만둣집 안은 ㄷ자형으로 손님들은 옹기종기 앉아 만두 굽기 기술을 지켜본다. 군만두를 굽는 손은 불판 한쪽을 손으로 들었다 내리며 기름 양을 조절하고, 만두가 타지 않게 이리저리 옮기고 뒤집는다. 사장님은 "너무 자주 뒤집으면 안 돼요" 하며 끊임없이 움직인다. 사장님의 손은 분주하지만, 표정이 너무나 평온해 지켜보는 사람까지 평온해지는 듯하다. 이 맛을 아는 답십리 근처에 살았던 사람들은 이사했어도 다시 찾는다. 그렇게 40여 년 쌓인 세월의 맛을 추억하는 곳이다. 그 '아는 맛'을 알아보자.

Q. 만두 맛있게 굽는 방법이 있나요?

기름을 충분히 두르고, 너무 약한 불에다 하면 피가 두꺼워지니까. 조금 센 불
에다가 빨리 튀기는 방법을 취해야지. 아줌마가 훨씬 잘 굽는데, 친정어머니
가 아파서 가게를 잘 못 나와요.

Q. 군만두는 직접 개발하신 거예요?

내가 부산에 직장 다닐 때. 직장만 다니면 안 되겠다 싶어서 배워서 올라왔어요.

Q. 언제부터 하신 거예요?

40년 됐죠.

Q. 1980년대에 오셨겠어요. 그때 답십리는 어땠어요? 옛날에는 판잣집도 많았다던데,

아, 그때 판잣집 많았지.

아이와 함께 만두를 기다리던 아빠 손님이 불쑥 말을 건넨다.

"1980년대에도 많았어요. 제가 초등학교 5학년 때부터였으니까. (사장님이) 처음 포장마차 앞에서 장사하실 때도 그랬고, 아파트 지을 때까지 다 판자촌이 었어요. 그때는 아저씨가 직접 다 만두 빚는 것을 보여주시고 그랬는데…." 아빠 손님의 그 시절 추억에 사장님도 보탠다.

"원주민들이 많이 떠나셨는데, 우리 손님들이 다 30년, 40년 돼요. 아기 때 잡순 분들이 결혼하고 대를 이어서 애를 데리고 오니까. 요즘에는 손님들이 이 맛을 어디 가서 보냐고 말씀하시죠."

게다가 가격은 만두 10개 2,000원, 포장은 12개 2,000원이다. 과연 남는 것이 있을까 싶다. "이거는 큰 데서 세를 많이 주고 하면 가격을 이렇게 싸게 받을 수가 없어. 작은 데서 이렇게 하는 게 나아요. 이렇게 옛날 방식으로 굽는 데는 요즘 없어. 돈 버는 것보다는 이걸 천직으로 생각하고 해야지. 돈을 떠나서 재미가 없으면 못 해. 나는 이게 즐거워서 하는 거예요. 손님들이 맛있다고 잘 먹고 간다고 하면 얼마나 고마워요. 사실 이거 내 일당도 안 돼요. 요즘은 재료값도 많이 들어서. 가게 시작은 11시부터 해도 만두 재료 만드는 건 매일 아침 7시부터야. 지금은 아들이 만드니까 하지. 가끔 오랫동안 장사하는 게 지겹지 않냐 하는 손님들도 있어. 근데 지겹게 하면 안 되지." 그의 군만두를 만들고 굽고 손님을 대하는 모습 그리고 말에서 달인의 우아한 품새가 느껴진다.

인터뷰 마무리 즈음 들어온 아저씨 손님 두 분이 추임새를 넣는다. "저는 강동구에서 왔어요." 덕분에 한바탕 웃는다. 기사 작성을 위해 사장님 내외 성함을 물으니 쑥스러워하며 답한다. "나는 박종연, 아내는 김길자." 만두 드시던 강동구 주민들도 "나는 이재학, 얘는 오석희"라고 답한다. 또 한바탕 웃으며 유쾌한 인터뷰를 마무리했다. 만두를 먹으며 30~40분 정도 인터뷰 하는 동안 바뀐 손님은 수십 명이다. 파는 사람이 즐거우니 먹는 사람도 즐거운가 보다. 인터뷰 하면서 만두 네 접시를 뚝딱 해치웠다.

강동구 손님 이재학 님, 오석희 님

　돈벌이로 힘들고 지겨운 일이 아니라, 사장님은 맛있게 만들어 팔아 즐겁고, 손님은 싸고 맛있게 먹을 수 있어 즐거운 '군만두의 달인'. 답십리의 명물로 쭉 이 '맛의 기억'을 이어주시길.

아이들의 목소리로
울림을 주는
영화제

_ 아해영화제

촬영소 고개의 촬영소는 현재 흔적도 없이 사라졌지만, 여전히 그 발자취를 되살리려는 움직임이 있다. 답십리 촬영소 고개에 있는 동대문구문화회관은 답십리 영화의 거리 사업 일환으로 리모델링 중이다. 이곳의 지하 1층과 지상 2층에는 아동·청소년 예술교육센터가 들어서고, 지상 1층에는 영화전시관, 지

1965년 영화 잡지 〈실버 스크린〉 8월호에 실린 답십리 촬영소(출처: 조선일보)

상 3층에는 지역밀착형 마을방송 센터가 조성된다[46]. 또 영화촬영 소가 이전한 뒤 그 터에 자리 잡 은 서울동답초등학교는 영화촬 영소 문화유산을 서울어린이창 작영화제 '아해[47]영화제'로 이어 가고 있다.

서울 동답초등학교 전경

Q. 아해영화제를 소개해주세요.

이영기(이하, 이): 서울동답초등학교 교장 이영기입니다. 2019년 부임했어요. 와 서 보니 우리 학교에서 가장 특색 있는 사업이 아해영화제, 서울어린이창작 영화제더라고요. 우리나라에서는 굉장히 드물게 아이들이 만들고, 상영하는, 어른들은 일종의 판만 깔아 주는 영화제로서, 아이들의 꿈을 펼쳐 나갈 수 있 게 도와주는 영화제에요.

Q. '아해영화제'만의 차별점은 무엇인가요?

이: 다른 영화제는 '어린이'를 주제로 하는 영화제고, 우리는 어린이가 기획하 고, 만들고, 펼쳐나가는 영화제라는 것이 가장 큰 차별점이에요. 아이들 중심 으로 꿈을 가지고 자기 이야기를 진술하게 담아내는 영화제지요. 저는 영화 제 자체가 중요한 것이라고 생각하진 않아요. 영화제는 아이들이 꿈을 펼쳐 나가게 하는 하나의 모티브이자 펼침의 장을 만들어주는 것이고, 아이들 마

음속에 '아! 내가 이걸 해 볼 수 있겠다'고 생각할 수 있는 것이 영화 교육이라고 보거든요. 그래서 대게 5~6학년만 교육했는데, 영화 교육을 체계 있게 만들어 가보자라고 생각해서 작년부터 학년을 낮췄어요. 2021년부터는 1학년 맛보기부터 시작했어요."

어린이 중심으로 체계화 된
영화 교육

동답초는 영화제를 위한 활동이 아닌, 아이들 스스로가 자신의 꿈을 생각하고 이야기하는 방법을 찾아갈 수 있도록, 다양하고 실천적인 교육활동에 많은 노력을 쏟고 있다. 예를 들면 다양한 분야가 하나로 모아지는 영화이기에 연극 수업을 도입해 희곡이나 시나리오 쓰는 부분을 체험하고, AI 선도학교로 지정을 받아 여러 가지 기자재, 장비를 다루어 믹싱이나 편집기술을 체험하기도 한다.

코로나19는 모두 처음 겪는 상황이라 행사를 접었을 만도 한데, 지속성을 갖추기 위해 비대면 온라인 방식으로 힘들게 영화제를 준비하는 어른들, 영상을

◦● 이영기 교장선생님
◦● 왼쪽부터 이영기 교장선생님, 조미선 님(아해영화협의회장), 김지욱 님(동답초 학교운영위원장)

만들기 위해 고군분투하는 아이들 모습이 영화처럼 그려진다. 제5회 서울어린이창작영화제 생중계 영상은 유튜브[48]에서 볼 수 있었다. 아이들의 수상 소감은 작은 성공의 경험이 큰 꿈으로 도약할 것이라는 기대감으로 덩달아 뿌듯하고 노력의 성과물은 감동을 준다.

Q. 앞으로 서울어린이창작영화제의 방향성, 어떤 모습으로 발전시키고 싶으신가요?

이: 서울어린이창작영화제가 아이들의 목소리로 특화되어 있는 것처럼, 처음 간직한 마음이 꾸준히 가면 우리나라뿐만 아니라 전 세계에도 울림을 줄 수 있다는 희망을 가져요. 아이들이 진솔하게 자기들의 생각, 목소리, 성장하는 모습 등 그들의 상상을 담는 거예요. 이러한 마음을, 꿈을, 또는 자기의 상상을 품고 크면 그 아이가 나중에 미래의 영화감독, 영화평론가, 배우, 작가, 엔지니어 같은 직업뿐만 아니라 영화 예술을 취미 이상으로 즐기는 사람이 될 수도 있지요.

Q. 지역과 함께하려는 노력은 어떤 것이 있나요?

이: 영화제가 5회를 넘어서면서 점점 규모가 커져요. 단위학교에서 계속 하기는 어렵다는 판단이 들어서 작년부터 준비한 게 '학교영화예술사회적협동조합'이에요. 처음에는 영화에 대한 전문성이 미약하겠지만, 지역에서 영화에 관심 있는 분, 영화관계자, 기술 엔지니어, 홍보를 전문적으로 하는 분 등 계속 섭외해서 다져가며 만들어진다면, 서울어린이창작영화제 '아해영화제'가 점점 발전해 나가는데 탄탄한 밑받침이 될 수 있다고 생각해요.

조미선(이하, 조): 2020년도 졸업생 학부모이고 현재는 아해영화제 협의회 회장을 맡은 조미선입니다. 학교영화예술사회적협동조합은 지역 인사들, 촬영소 사거리 상우회·시의원·구의원·졸업생 학부모·재학생 학부모가 함께 만들고 있어요. 목표는 '아이들을 위해서, 지역을 위해서 좀 더 미래지향적으로 발전시켜보자' 입니다. 이런 목표 때문에 학교 안에서 뿐만 아니라 지역에 있는 분들이 그만큼 관심을 가지고 모이고 있는 거거든요. 모두 바쁘신 데도 함께 해 주셔서 너무 감사하게 생각하고 있어요.

영화제를 처음 시작할 때부터 '답십리영화보존회'와 협업해서 지금까지 아해영화제를 꾸리는데 많은 도움을 받았다며, 앞으로도 다양한 지역관계자와 소통을 통해 학교의 행사가 아닌 지역의 문화와 환경을 함께 만들어가는 영화제로 만들겠다는 의지가 돋보인다.

Q. 영화제에 필요하다고 생각하는 점은 무엇인가요?

조: 주변에서는 영화제를 일회성 행사로 생각했어요. 그런데 2회, 3회, 4회…, 또 작년에 코로나 상황에서도 포스터를 붙이니 '아 정말 이제는 자리를 잡았구나'고 생각을 하시게 된 거죠. 저는 빠듯한 예산도 문제지만 주위 분들, 특히 학부모님들이 관심을 가지고 같이 참여해 주신다면 동답초등학교만의 영화제가 아니라, 동대문구 지역의 영화제로 발전해 나갈 수 있을 거라고 생각을 해요.

김: 지역 자체 행사로 발전할 수 있으려면 지역 주민 전체가 주체가 돼서 참여해야 하는데, 아직 그렇지 못해요. 아주 간단한 예로 저희가 포스터 하나 붙이

는 것도 구청에서 듣지 못했다고 다 떼어 가셨어요. 우리 학교만의 행사가 아니라 동대문구 전체 지역이 즐길 수 있는 문화라고 생각하고 발전시켜 주셨으면 하는 바람이 있고, 학부모님들과 학교 주체들의 많은 참여를 부탁드려요. 그래야 지역 주민께도 떳떳하고 당당하게 큰 행사로 자리매김할 수 있도록 도와 달라고 얘기할 수 있을 것 같습니다.

서울어린이창작영화제 '아해영화제'가 가진 '어린이가 중심이 되는' 초심을 잃지 않고, 지역의 관심 그리고 다양한 관계자의 참여와 연계로 답십리 촬영소가 가진 역사를 지속적으로 발전시켜 나가면 좋겠다.

옛것이 살아 숨 쉬는 답십리 고미술 상가

_ 장미방 윤갑영 님

날씨가 따듯한 봄날, 고미술 상가를 찾았다. 145번 버스를 타고 가는 창문으로 봄바람이 훅하고 들어온다. 고미술 상가 장미방의 윤갑영 님을 만났다.

옛 물건 수집이 취미였던 은행원

윤갑영 님은 은행에서 직장생활을 하면서 옛 물건을 수집하는 취미를 가졌는데, 이 일이 너무 좋아서 직장을 그만두고 1985년 10월부터 현재까지 고미술 상가에서 상점을 운영한다. 답십리 고미술 상가는 고서화, 고가구, 도자기 등의 고미술품과 독특하고 다양한 생활용품을 판매하는 상점이 밀집한 곳이다. 답십리 고미술 상가는 청계천8가, 이태원, 아현동 등지에 흩어져 있던 고미술

상점들이 1980년대 중반부터 답십리 일대에 모여들기 시작하여 형성되었고, 현재 약 140여 개의 점포가 밀집해 있다[49].

윤갑영 님은 특히 조선시대 여성 장신구의 아름답고 섬세한 매력에 빠져들어 답십리고미술상가 번영회장, 한국고미술협회 장신구공예부 감정위원을 지냈다. 가게를 운영하고 고미술품을 수집하며 가장 보람된 일은 강원대학교 박물관에 소장품을 기증한 일이었다.

"강원대학교 박물관 관장님하고 인연이 돼서 거기다 물건 하나를 기증했어요. 제가 수집했던 물건 중에서 가장 아끼는 물건이었어요. 기증품은 조선시대 때 칠보 도투락 댕기에요. 그게 뭐냐면 큰 대갓집이나 아니면 혼례 때 여자들 머리 위에 쓰는 족두리가 있어요, 그 족두리 밑에 등 뒤로 늘어뜨리는 물건이에요."

내가 소장하는 작품들로도
박물관을 차릴 수 있다

가장 애착이 가는 물건을 기증하신 이유가 무엇인지 물어보았다. "이제 혼자서는 다 공유할 수가 없어서요. 박물관에 있으면 학생들하고, 사람들이 와서 보는 데 큰 도움이 되지 않을까 생각을 해서 큰마음을 먹고 기증하게 되었어요."

강원대학교에 기증한 작품 말고 상점 안에 있는 다양한 옛 생활용품과 장신구 중에 가장 애정이 가고 소개하고 싶은 작품이 있는지 물으니 소장하고 있는 작품을 가지고 제작한 달력을 보여준다. 달력에 있는 기품 있고 화려한 장신구는 윤갑영 님이 직접 소장하고 팔 생각이 없는 것으로, 역사적 가치도 있고 사랑하는 작품이라고 한다. 좁은 틈으로 보석이 쏟아지듯 각자의 색깔과 의미를 지닌 소장품을 줄줄이 꺼내 보여주며, 행복이 묻어나니, 나도 행복해진다. 나중에는 소장하고 있는 작품들로 박물관 차릴 수도 있지 않겠냐며 꿈처럼 얘기하지만, 윤갑영 사장님의 고미술에 대한 애정과 열정이라면 충분히 박물관 설립도 가능하지 않을까 생각했다.

동대문구에 있는 답십리 고미술 상가는 국내 유일 최대 규모의 고미술 상가라고 한다. 이런 고미술 상가가 답십리에, 동대문구에 있다는 것에 큰 보람을 느끼며 서울시, 구청, 지역주민이 관심을 가지고 자부심을 가져주었음 좋겠다고 한다. 상가의 활성화를 위해 서울시와 구청도 노력하고 있지만, 그는 더 많은 지역주민과 관광객들이 고미술 상가를 찾기 바라고 있다. 답십리 고미술 상

●○ 장신구 고미술 달력 ○○ 장미방 고미술품

가가 5호선 답십리역에서 나오면 바로 연결되어 교통은 참 편리한데 지하철에 안내 멘트가 아직 없다며 아쉬워했다.

"물건은 얼마든지 있잖아요. 뭐 꼭 산다고 오는 건 아니거든요. 옛날에 또 우리 할아버지, 할머니, 아버지, 어머니가 썼던 물건들이 거의 다 있어요, 답십리에는…. 얼마나 좋아요. 얼마든지 만져 볼 수 있고 얼마든지 볼 수 있으니 많이 찾아오시면 좋겠어요."

윤갑영 님이 꿈꾸는 고미술 상가는 옛것을 알고 현재를 잘 기억하는 시대의 흐름을 직접 체험하고 느낄 수 있는 곳이다. 오랜 시간 동안 애정을 가지고 하시는 일을 후대와 나누고 싶어 하는 그의 마음이 잘 전달되는 답십리 고미술 상가가 되길 바란다. 답십리 고미술 상가에서 옛것이 주는 편안함과 새로움을 느낄 수 있기를.

장안동

말의
쉼터에서
차와 사람의
쉼터로

장안동
Jangan-dong
長安洞

미리내
어린이공원

장안동삼거리

장안2동
주민센터

온석초

동국대사범대학
부속고등학교

장안근린공원

장안동
파출소

장안빛꽃길
작은도서관

늘푸른
어린이공원

마로니에
어린이공원

장안힐스테이트
아파트

동대문더퍼스트
데시앙아파트

장안삼성래미안
2차아파트

장안빛

장평초

율악공방

장안동사거리

아트폴빙

장미
어린이공원

늘봄
어린이공원

장안어린이
도서관

빛꽃길
북카페

장일
어린이공원

샛별
어린이공원

장평근린공원

이슬
어린이공원

장안1동
주민센터

한내
어린이공원

동대문구민회관

동대문구민
체육센터

장평중

군자초

안평
초등학교

연골
어린이공원

동대문소방서

미나리
어린이공원

장안생활

장안벽역

장안동. 세계춤축제, 장안벚꽃길 벚꽃축제, 장안동 맛의 거리 등 놀거리, 먹을거리 많은 동네로만 알고 있었다. 그런데 취재해보니 동대문구에서 인구도, 공원도, 학원도, 사무실도 가장 많은 동네였다. 사람이 많다는 건 다 이유가 있었다. 게다가 지금 자동차 중고시장이 있는 장안평역 근처는 조선시대 때에는 말이 쉬어가던 동네(살곶이 목장)였다는 사실도 알게 되었다. 말이 쉬어가던 곳이 자동차와 사람이 쉬어가는 동네가 된 것이다. 그렇게 쉬어가는 동네라서 그런가? 장안동에서 만난 사람들은 평온했다. 사람이 좋아 주민자치회를 하고 어르신들을 위해 이벤트를 만들고, 날마다 공원을 즐기며, 일상을 나누는 사람들, 말 그대로 "말의 쉼터, 자동차와 사람의 쉼터가 된 장안동長安洞" 사람들이었다.

소소한
역사

숨겨진
'살곶이 목마장'의
전략적 요충지

동대문구 장안동을 조금이라도 아는 사람들은 딱 두 개의 공간을 먼저 떠올린다. 경남관광호텔(이와 함께 인근의 유흥가)과 국내 최대의 중고차 시장이다. 하지만, 경남관광호텔은 2020년에 매각되어 역사 속으로 사라졌고(오피스텔과 상업시설로 신축예정)[50], 남은 것은 1979년도에 생긴 국내 최대의 장안동 중고차 시장이다. 그런데 이곳의 명칭을 헷갈려하는 사람들이 많다. 어떤 이들은 '장안평' 중고차 시장이라고도 하고, 또 다른 이들은 '장한평' 중고차 시장이라고도 한다. 결론적으로 말하자면, 둘 다 맞다. 둘 다 검색도 된다. 그런데 곰곰이 따져보면, 좀 이해가 안 되는 측면이 있다. 동네는 분명 장안동이고, 서울시의 공식 문서에도 '장안평'이라고도 쓰는데[51], 왜 장안동에 있는 지하철역 이름이 왜 '장한평'역일까? 이 질문은 장한평역이 개통된 당일(1995년 11월 15일)부터 무려 20년이 넘는 시간 동안 반복적으로 제기된 것이다. 그리고 이 질문의 답을 찾는 과정은 장안동의 역사적 정체성을 찾는 중요한 단서 역할을 한다.

역사적 정체성의 뿌리는
'말'과 관련이 있다

장안동 가까이에 있는 '장한평역' 이름에 대한 단서는 옛날 신문에도 있었다. 1995년 11월 16일자 경향신문에는 장안동 인근의 역 이름을 장한평으로 명명한 이유를 이렇게 싣고 있다.

> 「장한평역」은 서울시 지명위원회 소속 학자들의 「고집」으로 탄생했다. 조선시대 목마장(牧馬場)으로 유명했던 이곳의 이름이 대동여지도 등에 장한벌(長漢平, 장한평)로 나타나있기 때문이다. 지명위원회는 91년 7월회의에서 『일제를 거치면서 일본인들이 「한」발음을 못해 「장안평」으로 변한 것』이라며 「장한평」을 부활시켜 역명을 확정했다.
>
> 경향신문, 1995년 11월 16일자

이후 지명위원회는 서울 지하철역의 명칭 전반에 대해 역사적 정체성을 찾는 작업을 지금까지도 지속적으로 진행한다(이런 맥락에서 지어진 지하철역 이름이 버티고개, 새절, 먹골, 애오개, 잠실나루 등이다). 이 기사에 따르면, 장안동은 본래 '장한벌(장한평)'이라는 역사적 공간을 기원으로 하고 있었다. 이렇게 '한漢'이 들어간 발음이 역사적인 정체성에 더 가깝다는 흔적은 인근의 거리명(장한漢로), 도로명(한漢천로)등에 잘 나타나 있다. 그리고 이 기사에는 장한벌의 기능을 추론해 볼 수 있는 단어가 등장한다. 바로 말馬을 키우는 농장, '목마장牧馬場'이다.

직관적으로 말을 키우는 동네라는 느낌은 인근의 마장동을 떠올리게 한다. 이 마장동의 역사를 거슬러 올라가다 보면, '살곶이 목장'이라는 공간이 등장한다(마장동 인근에 살곶이 다리가 있다). 근대 이전 시대의 말은 군사전략은 물론 교통, 통신 체제를 운영하는데 매우 중요한 수단이었다. 그래서 조선시대에는 중앙정부가 직접 '마장'을 관리했었다. 이를 살곶이 목장이라고 하는데, 특히 현재 마장동 인근인 한성부 동교에 위치한 이 살곶이 목장은 전국의 마장들 가운데 가장 중요한 국립 목장이었다고 전해진다[52].

정확한 한성부 동교 인근의 살곶이 목장의 위치는 어디였을까. 이것을 추론할 만한 지도가 한 장 있다.

마장동의 역사와 역할에 대한 기록을 찾아보면, 1760년대 살곶이 목장의 위치를 특정한 지도가 나타나는데(하단 왼쪽 지도), 이 지도를 아차산을 동일한 기준점으로 두고 2021년 기준의 지도와 맞춰보면(하단 오른쪽 지도), 아주 흥미로

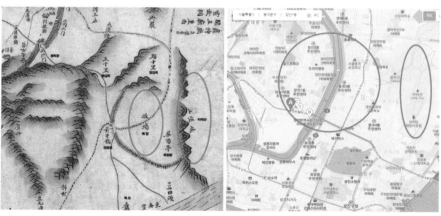

● ○ **1760년대 규장각 소장, 살곶이 목장 지도**(출처: 서울역사박물관)
○ ● **2021년 장안동과 아차산 지도**(출처: 카카오 지도)

운 부분이 딱 드러난다. 지금의 면목동, 중곡동, 군자동 등과 현재의 장안동 일대가 모두 '살곶이 목장'으로 묶이는 지역이라는 것이다. 실제로 면목동의 한자 뜻풀이도 '목장의 앞(면목, 面牧)'이라는 뜻을 가지고 있는 것을 보면 현재의 마장동에서 면목동 근처까지가 실제로 존재했던 살곶이 목장이었다는 것을 추론하게 한다.

유흥가가 많고 낙후된 지역으로만 알고 있던 장안동은 조선시대 말이라는 전략자원을 관리하던, '장한벌'의 역사적 정체성을 가지고 있던 전략적 요충지였던 것이다.

마장동 인근의 정체성에 가깝던 동네

장안동은 1975년 10월 1일, 서울특별시 조례 제97호에 따라 이름을 부여받는다[53]. 중랑천과 한천이 상습적으로 범람하던 이 지역은 일제 강점기 때부터 1960년대까지 지속적으로 제방을 쌓고 인근 지역을 농토로 바꾼다.

이 시기는 왕십리, 답십리, 마장동 지역과 함께 서울의 채소와 농산물을 제공하던 역할과 맞닿아 있다. 이후 장안평 지역은 한국의 급격한

성수동 한강 제방 정비작업(1956). 1925년의 을축년 대홍수로 인하여 뚝섬, 장한평 일대가 크게 피해를 입자, 그에 대한 대비책으로서 방수 공사를 하면서 현재의 성수대교 북단에서 한강 연안을 따라 동서로 뚝섬수원지에 이르는 긴 제방을 쌓았다. 그리고 침수지에는 저자도에서 모래와 흙을 파다가 부어 지표를 높였다. (출처: 서울역사박물관 서울역사아카이브)

산업화와 맞물린 동대문구 인구의 급격한 증가로 인해 중곡동, 군자동, 능동의 지역과 묶여 주택 지역으로 전환된다(이 시기 1976년부터 1979년 사이에 주택 지역으로 묶이면서 한천로가 생기고, 시영아파트도 들어선다).

장안평 토지구획정리지구에 건설된 장안 시영아파트 전경. 장안 시영아파트는 1976년부터 1979년까지 4차에 걸쳐 건설, 분양되었다.(출처: 서울역사박물관 서울시정사진)

행정구역상 관리 영역은 다르지만, '살곶이 목마장'이라는 역사성을 공유하고 있던 지역간 정서적 유대의 기억은 군자초등학교와 장안초등학교의 위치에서도 알 수 있다. 실제로 군자초등학교는 동대문구 장안동에 있고, 장안초등학교는 광진구 군자동에 있다. 또 장안동 사람들이 '내 구역'이라고 생각하는 장한평역의 주소지는 실제로 성동구에 속한다(장한평역의 정확한 주소는 '서울특별시 성동구 천호대로 지하 405 용답동'이다).

말을 관리하던 곳이
자동차를 거래하는 공간으로 전환되다

말과 관련된 장한벌의 역사적 정체성은, 현대의 핵심 이동 수단인 자동차를 거래하는 거대한 시장으로 전환된 듯 보인다. 1955년 한국의 자동차 산업이 시작된 이래, 1974년에 한국의 고유 모델인 '포니Pony'가 출시되면서 우리나라의 자동차 산업은 급격하게 성장하게 된다. 이후 1970년대 중고차와 관련

한 다양한 문제가 발생하게 되는
데 이때 정부는 서울시의 곳곳에
흩어져 있던 중고차 시장을 한데
모아 1979년 장안평 지역에 대규
모 중고차 시장을 개장한다[54]. 아
마도 이 시기가 장한로가 정비
되고, 서울시 강변도로가 정비

장안평 자동차 시장(출처: 서울사랑 2019년 4월호)

되는 때였고, 이때 가장 '평평하고 넓은 서울 인근의 평지'를 고려한 선택이었
던 것으로 보인다(실제로 외부 강변도로를 타고 이 지역으로 들어오기에 교통편이 좋은
편이다).

이후 한국 경제가 급격하게 성장하면서 덩달아 1985년에는 전국 자동차 등
록대수가 100만 대를 돌파하게 된다. 이 수혜를 집중적으로 받은 곳이 바로 장
안평 중고차 시장이었던 것이다. 이제는 개장한지 40년이 넘어 완전히 새로운
공간으로 단장을 꿈꾸고 있지만[55], 이후에도 여전히 우리나라 중고차 거래시
장의 메카로 남을 가능성이 크다(다만, 새 단장의 공간은 바로 길 건너 용답동이 될 가
능성 높다).

장안동에 작은 공원들이 많은 이유

장안동에는 작은 공원들이 많다. 동대문구 인근의 답십리나 휘경동, 전농동
의 작은 공원들이 대부분 7~8개 수준인데 반해 이름이 붙은 공원의 수만 14개
가 훌쩍 넘는다. 장안근린공원, 장평근린공원, 장일공원, 이슬공원, 안골공원,

샛별공원, 마로니에공원, 늘봄공원, 한내공원, 미나리공원, 물레방아공원, 미리내공원, 장미공원, 늘푸른공원 등이다[56].

왜 유독 장안동에는 이렇게 공원이 많을까. 이 질문에 대한 답변 또한 이 지역이 국가가 중요하게 생각하던 군사적 요충지(말 관리)라는 역사적 정체성과 관련이 깊다.

조선은 1394년(태조3년) 한양천도 이후 행정편제를 한성부로 고치고, 동, 서, 남, 북, 중부의 5부로 구성한다. 이중 한성부의 동부는 전략적으로 매우 중요한 위치였다. 왕실 사당인 종묘와 최고의 교육기관인 성균관이 있었기 때문이다. 당시 이 지역은 도성안 지역 중 고도가 낮고 쉽게 출입이 허용되기 때문에 방비를 강화하기 위해 다수의 군영을 배치한다[57]. 이 역사적 맥락에서 한성부 동부 지역의 마장이 국가의 전략적 관리지역(살곶이 다리까지)으로 배치된 것이었다. 한성부의 동부 지역은 국방을 강조한 조선시대의 철학적 기조와 맞물려 조선 초기부터 500년 가까이 운영되다가, 1907년 역사적 혼란기 군대 해산과 함께 그 역할이 사라진다.

이후에 그 많은 군사 훈련소(훈련원) 지역들은 어떻게 되었을까. 기록에 따르면, 일제 강점기 조선총독부는 서울에 남아있던 거의 모든 훈련원 공간을 '공원화'한다. 1919년부터 시작된 이 공사의 흔적은 지금의 탑골공원, 사직공원, 효창공원, 경성운동장(해방 이후 서울운동장) 등으로 용도가 바뀐다[58]. 장안동 지역에 유독 공원이 많은 것은 바로 '말을 포함한 군사 훈련장'이라는 물리적 특성에 기인한다. 그만큼 말이 뛰고, 사람이 달리고 단련할 만한 평지가 많았다는 뜻이다. 인근의 답십리, 전농동, 휘경동만 해도 언덕과 산이 많아 올록볼록한 길이 많다. 일본 제국주의는 나라를 지키기 위한 훈련을 담당하던 공간이라는 역동적인 색깔이 지우고, 정적이고 (겉으로는) 평온한 공간으로 '말랑말랑'하게 바꿔버린 것이다.

저렴하고 맛난 먹거리와 다양한 오락과 유흥이 많던 장안동이 변하고 있다. 새로운 장안동은 과거의 이미지를 벗고 있다. 장한평역에서 과거 경남관광호텔을 가로지르는 장한로長漢路가 급변하고 있다. 경남관광호텔은 오피스텔과 상업시설로 바뀔 예정이고, 장안동의 랜드마크였던 아트몰링(구, 바우하우스)도 주인이 바뀌어 새 단장을 꿈꾸고 있다[59]. 공원이 확대되고, 사람들의 쉼터가 늘어나고 있다.

하지만 한 가지 기억해야 할 것도 있다. 장안동의 역사적 정체성에는 현재와 같은 경남호텔 근처를 중심으로 한 먹거리, 오락, 유흥만으로 구성된 이미지는 없었다. 오히려, 장안동은 조선시대에 국가의 중요한 전략적 자원(말)을 관리하던 '살곶이 목장'이라는 군사적 요충지였다는 사실이다.

꼬리에
꼬리를 무는
장안동 이야기

_ 장안1동 주민자치회 김천일 회장

"작은 어린이 공원이 많아요. 요즘
도 해 질 녘이면 사람들이 많이 나
와요. 이웃 간에 소통이 이뤄지는
곳입니다…. 옛날에는 봉제공장이
엄청 많았어요. 장안동을 이끌어
가는 데 큰 역할을 했어요…. 지금
도 600여 곳 남아있습니다." 햇살

김천일 장안1동 주민자치회장

에 나뭇잎이 반짝이던 6월 중순, 장안동 얘기를 듣기 위해 만난 김천일 장안
1동 주민자치회장의 꼬리에 꼬리를 무는 장안동 이야기를 소개한다.

봉제산업도 장안동을 이끌어 가는 데
큰 역할을 했던 부분이죠

"장안동이 동대문시장 쪽에서 고가도로로 이어져 있어서, 새롭게 형성된 봉제 산업단지였죠. 제일 가깝고 이동하기도 편했었어요. 그 이유는 갑자기 불어나는 봉제 인력 당사자들이 건물을 짓든지 아니면 사든지 자기 공장을 소유하면서 시작했던 곳이 아마 장안동 쪽이어서 그런 것 같습니다. 그 전에 이미 중고매매차 시장이 자리하고 있었지만, 봉제 산업도 장안동을 이끌어 가는 데 큰 역할을 했던 부분이죠." 장안동을 지나다 보면 드문드문 봉제공장을 보긴 했지만, 장안동을 이끌어가는 정도의 규모일 줄 몰랐다. 장안동이 다른 동네보다 인건비가 좀 높아서 면목동, 미아리나 삼양동 쪽으로 임금이 싼 곳을 찾아 많이 옮기게 되었다고 한다.

현재의 동대문경찰서 쪽에 재단사 미싱사 인력시장이 있었다는 기사가 눈에 띈다. 동대문구가 봉제 산업의 한 축이었지만, 봉제공장들이 인건비 싼 곳으로 이주했다는 그의 말을 그대로 보여주는 듯하다.

1993년의 재단사 미싱사 인력시장(출처: 동아일보)

아직도 600여 개의
봉제공장이 돌아가고 있다

"얼마나 남아있는지, 내 주위에서 오랫동안 했던 친구들을 보면 대략 작은 공장까지 합치면 아직도 한 600여 개 공장이 돌아가고 있다고 봅니다. 아직도 우리 장안동 경제에 한 축이죠. 옛날엔 훨씬 더 많은 공장이 있어서 정말 알게 모르게 장안동 경기에 많이 이바지 했었죠." 30여 년간 장안동에 살면서 봉제업에 종사하며 동대문구 봉제연합회를 추진하고 봉제 역사를 홍보하고 있다는 그의 말에서 장안동 그리고 봉제업에 대한 자랑스러움이 묻어난다.

노인잔치와 삼계탕 봉사

생업으로 하는 일 외에 장안동에서 하는 일을 물었다. "지금은 장안1동 노인후원회라고 명칭이 바뀌었지만, 옛날에는 노인정후원회가 있었어요. 어디에도 없었던, 유일한 노인들을 위한 후원회였죠. 그게 한 30년 전부터 젊은 분들이나 아니면 지역의 유지들 중심으로 마을에 있는 노인정 위주로 많은 후원을 하셨고요, 또 노인잔치라든지 이런 것을 항상 해오셨어요. 몇 년 전(코로나 전)까지만 해도 노인잔치도 하고, 초복, 중복, 말복에 한 200그릇 정도 노인정을 돌아다니면서 꼬박꼬박 삼계탕 대접 봉사를 했습니다."

장안동도 동대문구의 다른 동네들과 크게 다르진 않았다. 어느 동네를 취재하던 봉사활동을 하는 주관단체나 내용은 달랐지만, 어르신을 공경하는 문화가 있었다. 다만 장안1동은 좀 더 적극적으로 노인후원회라는 단체를 만들어

정기적인 활동을 하고 있다. 그가 말하는 가장 보람 있는 활동이기도 했다.

마을 어린이공원이 사랑방 아닌
사랑방 역할을 하다

"마을 곳곳에 어린이 공원이 많아요. 마을공원 정자가 그 지역 어르신들의 사랑방 역할도 하고, 또 젊은 엄마들은 아이들 교육에 대한 정보를 서로 얻는 장소도 되고요. 저녁에 해 질 무렵 보면 젊은 엄마들이 놀이터에 많이들 나와 계시거든요. 마을 어린이공원이 사랑방 아닌 사랑방 역할을 하고 있구나 싶어서 한 번씩 이렇게 걸어가면서 열심히 관찰할 때가 있어요." 장안1동 자랑을 해달라는 물음에 대한 그의 답이다. 마을 어린이공원을 찾아봤다. 아파트 내 공원 빼고 11개의 어린이공원이 있었다. 로드맵으로 하나씩 찾아보니 나름의 특색도 있다. 동네사람들과 함께 디자인한 공원도 있다.

장안1동 회전교차로가
송전탑이 있던 곳

특별한 장안동 옛 기억을 물었다. "특별하게 장안1동 주민센터로 가다 보면 거기 회전교차로가 있잖아요. 옛날에는 거기에 송전탑이 있었거든요. 지금 장안1동 끝에 가서 보면 코사마트라고 있었는데 거기에도 송전탑이 있었던 자리에 나무 몇 그루가 있어요. 그런 것도 사진으로 찍어놓고 했으면 지금 참 좋은

자료가 될 수 있었을텐데, 지금 생각해 보니까 누군가는 가지고 있을지도 모르 겠지만 없어서 좀 아쉽긴 아쉽네요." 장안1동 골목 안에 있는 회전교차로가 특 이하다고 생각했었다. 송전탑이 있었다니 옛 자료를 검색해보지만, 그의 말대 로 자료는 찾을 수 없었다.

다문화가족 중심으로 하는
문화유산답사

마지막으로 주민자치회장으로서 하고 싶은 일 그리고 〈인터뷰, 마을이음〉에 하고 싶은 말을 물었다. "장안동 이야기하면서 저는 공원을 중심으로 공연이나 어르신들 행사 같은 것을 의논하면서 해나가면 중심이 그런 곳(마을공원)이 되 지 않을까하는 생각을 해봅니다. 그리고 이번 총회에서 나온 10가지 의제 중 다문화가정을 중심으로 해서 열 가지 정도 한옥 체험과 더불어 문화유산답사 도 꼭 한번 해보고 싶어요."

시종일관 약한 이들을 위한 활동을 얘기했던 그가 우리에게도 사회적 약자,

정부의 손이 닿지 않는 곳에 있는 사람들에 대한 관심을 호소한다. 마을 곳곳에 있는 작은 공원에 해 질 녘 남녀노소가 여기저기 어울리는 모습을 상상한다. 혼자 있어도 벤치에 앉아 그 모습을 보고 있다면 외로움은 저만치 날아갈 것만 같다. 김천일 회장의 바람처럼 마을공원이 소통의 중심되고, 장안동 뿐만 아니라 동대문구 동네 곳곳에도 마을공원이 만들어지길 바라본다.

공원,
우리의 마음이
쉬어갑니다

_ 장안동의 공원들

장안동은 유독 크고 작은 공원이 많다. 11개의 어린이공원과 2개의 근린공원, 그리고 장안벚꽃길까지 무려 14개의 공원이 있다. 도시화 된 동네는 같은 마을에 살아도 서로 모른 채 살아간다. 온라인이라는 또 다른 사회가 만들어지면서 '익명성'이라는 편안함과 자유로움에 도시생활을 즐기고 있는지도 모른다. 이런 익명의 시대에 동네 작은 공원이 필요할까? 주차난이 심각한데 차라리 주차장을 만드는 게 더 낫지 않을까? 그 답을 장안동 공원에서 만난 주민들이 알려주었다.

"여기 장안 뚝방길은 여의도보다 더 잘 돼 있지. 윤중로 벚꽃길보다 훨씬 잘 돼 있어요. 여기 주민들이 복 받은 사람들이에요. 이런 산책길이 서울 시내에 없거든. 양쪽 꽃길이 진짜 멋있잖아요. 이 동네 오면서부터 20년 동안 이 길을

걸었어요. 덕분에 건강하고….″ [장안벚꽃길에서 만난 이현우 님]

″비 안 올 때는 아무리 춥고 바람이 불어도 나와요. 나는. 공원 나오는 게 일과에요. 여기 온 지 17년 됐는데 너무 좋아요. 우리 딸이랑 같이 사는데, 우리 딸이 여기 이사 오기 잘했대. 운동하기 좋고, 이렇게 동네 사람들도 만나고 그래요.″ [장안근린공원에서 만난 서정희 님]

오후의 공원은 아이들과 그들의 부모뿐만 아니라, 어르신들의 놀이터가 된다. 장기를 두는 할아버지, 담소를 나누는 할머니, 아이들과 반려동물까지 나와 이야기 나누는 다양한 주민의 모습을 보니, 옛날 시골 마을의 중심에 있던 느티나무 아래 평상이 생각났다. 멀리 찾아가야 하는 공원이 아니라, 동네 어딘가에 있는 작은 공원에서 시민들이 일상을 나누고 운동하고 서로 공감하면서, 사랑하는 가족들이 우리 마을에서 안심하고 편안하게 살 수 있는 환경을 만들고 있었다.

장안동 시민들에게 공원은 푸르른 나무가 마련해주는 그늘뿐만 아니라, 바쁜 시간에서 잠시 벗어나 마음의 여유를 만들어 주는 곳이었다. 장안동은 다시 한 번 변화를 앞두고 있지만, 동네 곳곳에 자리한 공원들은 쉽게 사라지지 않을 것이다. 공원은 자연뿐만 아니라, 함께하는 사람들이 우리의 마음을 토닥여주기 때문이다.

공원 모두를 하나하나 자세히 소개할 수는 없지만, 자연과 쉼이 있는 공원을 모두에게 꼭 전하고 싶었다. 이 글을 읽는 이들이 한 번쯤 내 가까이에 자리한 쉼을 느끼길 바라며 장안동 14개의 공원을 소개한다.

1. 장안동 근린공원 & 장안벚꽃안길

장안근린공원

어린이 놀이 시설과 바닥분수, 배드민턴장, 게
이트볼장, 농구장, 운동기구 등 다양한 시설이
마련되어 있으며, 공원을 중심으로 넓은 산책
길이 이어진다. 지하주차장, 화장실과 같은 편
의시설 이용이 가능하며, 어린이와 어른 모두 즐길 수 있는 공원이다. 메인
광장에는 작은 야외무대가 있다.

장안벚꽃안길 (장안뚝방길)

'장안뚝방길'로 불리는 장안벚꽃안길은 중랑천
을 따라 이어진 산책로로 사진 전시회나 포토
존이 마련되어 있다. 아름다운 경치를 구경하
며 산책을 즐길 수 있다. 장안벚꽃길 작은 도서
관과 벚꽃길 북카페가 있다.

장평근린공원

'푸른 도시 공간 조성'이라는 목표 아래 2009년
새 단장을 마친 장평근린공원은 중앙광장에 소
규모 공연장이 설치되어 있으며, 여름철에는
미니 폭포를 경험할 수 있다. 공원 바로 옆에
동대문구민회관과 구민체육센터도 있다. 구민회관은 문화, 예술행사, 교양

강좌 등 다양한 프로그램이 운영되고 있으며, 체육센터는 수영장, 헬스장, 체육문화프로그램이 운영된다.

2. 장안동 어린이공원

미리내어린이공원

모든 어린이가 차별 없이 어울려 노는 비차별 놀이터로 휠체어 이용이 가능하다. 조합 놀이대, 그네, 흔들 놀이기구를 이용할 수 있다.

늘푸른어린이공원

아파트 단지와 주택가 사이에 위치한 공원으로 나무가 많아 그늘에 쉬어가기 좋다. 조합 놀이대가 설치된 바닥은 충격 흡수 바닥재로 아이들이 안전하게 뛰어놀 수 있다.

마로니에어린이공원

어린이 보호구역 내에 위치한 놀이터로 출입구 또한 개방되어 있어 놀이터 내부를 한눈에 볼 수 있다. 놀이대 주변으로 여러 개의 벤치와 파고라가 마련되어 있다.

장미어린이공원

놀이 시설 설치검사 결과가 게시되어 있으며 놀이 시설 간의 간격이 넓어 안전하게 이용할 수 있다. 시소와 그네가 위치한 곳은 모래 바닥으로 되어 있다.

늘봄어린이공원

주민과 함께 만든 창의어린이 놀이터로 빨간색 놀이 시설이 특징이다. 네트와 오르는 조합 놀이대 등 다양한 기구를 즐길 수 있으며 공원 내에 늘봄경로당이 자리하고 있다.

장일어린이공원

주택가 근처에 위치해 비교적 한적한 공원으로 지진옥외대피소로 지정되어 있다. 넓은 파고라와 간단한 운동기구가 마련되어 있다.

이슬어린이공원

'동그랗게 도로롱 놀이터'라는 테마로 만들어진 창의어린이 놀이터로 새로운 형태의 놀이 기구를 즐길 수 있다.

샛별어린이공원

공원 내에 샛별경로당이 있으며, 인근에 장안 1동 주민센터가 있어 화장실 이용이 가능하다. 공놀이를 할 수 있는 작은 공터가 마련되어 있다.

한내어린이공원

'신나는 음악 놀이'를 주제로 만들어진 창의어린이 놀이터로 회전 놀이기구, 공중 놀이기구, 바구니 그네 등 독특한 놀이기구가 특징이다. 넓은 모래놀이 공간이 마련되어 있다.

안골어린이공원

그물 오르기, 원통 터널, 지그재그 폴대 등 개별 놀이기구가 연결된 모험 놀이대가 있으며, 넓은 바닥 공간에는 패턴이 그려져 땅따먹기, 멀리뛰기 등의 놀이가 가능하다.

미나리어린이공원

창의어린이 놀이터인 미나리어린이 공원 내에는 미나리경로당과 가온누리 작은 도서관이 있다. 조합 놀이대와 바구니 그네, 트램펄린, 바닥 놀이를 이용할 수 있다.

장안동 공원 지도

소소한 일상 나눔이 있는 장안생활

_ 아이부키 김보리 님

대한민국에서 부동산은 화젯거리다. 부동산 양극화가 갈수록 심화되며 청년들에겐 '내 집 마련'은 불가능한 꿈이 되었다. '내 집 마련'을 넘어 그저 내 몸 편히 뉠 곳 하나 찾기 어려운 시대가 되어버렸다. 대한민국 부동산 시장에서 소외되는 1인 가구, 청년, 노인의 주거 문제를 어떻게 해결할 수 있을까. 여기에 대안으로 새롭게 떠오르는 주거 형태가 있다. 바로 사회주택이다.

　사회주택이란 전월세난 지속에 따른 민간 임대주택 확대가 필요한 상황에서 1인 가구 증가, 청년 세대의 주거비 부담 문제 등을 해결하기 위해 주거 안정과 주거권을 보장하는 지속가능한 주거 대안으로 마련된 정책이다. 시민이 부담 가능한 임대료로 오랫동안 안심하고 살 수 있는 주택으로, 사회적 경제 주체가 공급하고 운영하는 임대주택이다. 운영 주체는 입주자들이 주도적으로 공동체성을 회복할 수 있도록 다양한 커뮤니티 공간을 활용한 프로그램을 운영·지원한다[60].

사회주택의 설명을 찾아보았어도 어떤 공간인지 상상하기 어려웠다. 조사해보니 장안동에 '장안생활'이라는 사회주택이 있었다. '장안생활'은 아이부키라는 회사에서 건축하고 운영 중인 사회주택이다. 다양한 형태의 사회주택 중 장안생활이 가진 특징이 무엇인지 살펴보며, 어떻게 운영되고 있는지 알아보도록 하자.

장안생활은 코워킹Co-working+코리빙Co-living 공간으로 구성되어 있다. 1, 2, 8층은 근린생활 공간이고, 3층은 공유사무실, 4층부터 7층은 입주민들의 공간으로 활용되고 있다.

장안생활 전경(출처: 아이부키 홈페이지)

우리가 만난 사람은 장안생활 입주민이자 아이부키 커뮤니티디자인팀에서 활동하고 있는 김보리 님이다. 김보리 님은 신입 입주민들의 적응을 돕고, 입주민들 간의 커뮤니티 활동을 기획·홍보 등 서포트하는 마중물 역할을 한다. 20대부터 50대까지 다양한 연령대와 직업군을 가진 입주민들이 소통할 수 있는 매개는 바로 장안생활 앱이다. 입주민들은 장안생활 앱을 사용하여 일대일, 소모임과 같은 각종 활동부터 '송이'라는 자체 화폐를 충전해서 식료품 등 생활에 필요한 물건까지 구매할 수 있다.

김보리 님

Q. 장안생활이라는 사회주택을 선택한 이유는 무엇인가요?

김: 저는 다양한 사람이랑 어울리는 걸 좋아해요. 전에 살던 세어하우스에서 14명이 함께 살았는데, 같이 울고, 웃고, 함께 1년 반을 지냈던 기억이 정말 좋았어요. 그래서 이사를 해야 할 때도 코리빙을 할 수 있는 사회주택을 알아봤고요. 다른 조건들도 좋았지만 여기 장안생활이라면 생활권을 침해받지 않으면서도 사람들과 어울릴 수 있을 것 같아 선택했습니다.

Q. 주거뿐만 아니라 아이부키에서 일을 하게 된 계기는 무엇인가요?

김: 입주를 하고 보니까 여기서 커뮤니티지원팀에 사람을 구한다고 하더라고요. 저는 고등학교를 대안학교에서 나와 공동체에 친숙한 편이에요. 제가 습득했던 공동체성을 여기에 녹여낼 수 있다고 느꼈거든요. 공동체라는 중요한 가치를 제가 있는 공간, 그리고 사회에 구현된다면 얼마나 근사할까 하는 생각을 했어요.

공동체라는 가치가 사회 전반에 확산이 된다면 얼마나 근사할까. 그보다 이 가치를 실현하기 위해 노력하는 사람이 우리 주변에 있다는 것이 더 근사하게 느껴졌다. 김보리 님이 있는 커뮤니티디자인팀(장생팀)은 즐거운 공동체를 위해 다양한 커뮤니티와 프로그램을 기획하고 운영하고 있었다.

Q. 장안생활에서 입주민들이 함께 즐기는 프로그램이 있다면 소개해 주세요.

김: 대표적으로 세 가지를 소개할 수 있을 것 같아요. 첫 번째는 제가 여기 들어온 지 얼마 안 됐을 때 진행했던 '낙낙(knock knock) 인터뷰'라는 프로그램이에요. 기존에 입주했던 분들과 어떻게 소통할 수 있을지가 고민이었어요. 그래서 자기소개를 해주실 의향이 있는지를 물어보는 설문지를 귀여운 파우치에 담아 입주민의 문고리에 걸었어요. 이후 참여에 응하겠다는 의사표시를 수거함에 남겨주신 분들과 인터뷰를 진행했습니다. 기존 입주민과 신입 입주민 간의 연결고리를 만들어 유대감을 느끼게 만든 것이 저의 가장 큰 자부심입니다.

두 번째는 신입 주민 환영회입니다. 원래는 같이 음식을 만들어 먹는 행사였는데, 코로나19가 장기화하면서 '환영 퀘스트'를 진행하게 되었어요. 제비뽑기로 두 명이 짝을 이루어 주어진 퀘스트를 완수하면 송이를 드리는데, 중랑천 자전거 타고 오기, 상담 들어주기 등 다양한 미션이 있어요. 미션을 하기 위해서는 자연스레 짝과 연락을 해야 하고요. 에피소드를 하나 말해보자면 '비 올 때 지하철역 또는 버스정류장에 우산 들고 마중 나가기 일회권'을 뽑은 분이 계셨어요. 비 오는 날 "우산이 필요한 분이 계시나요? 제가 나가겠습니다."라고 연락을 하신 거예요. 마침 우산이 필요한 분이 계셔서 마중 나가 함께 인증사진을 찍으셨더라고요. 앱에 인증 글을 올리셨는데 다른

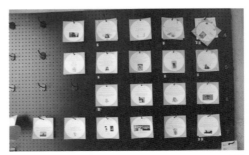

낙낙 인터뷰

분들이 댓글도 귀엽게 다셔서 정말
흐뭇했어요.

세 번째는 소모임입니다. 저희는 사
람들이 모여 무언가를 하는 걸 '소
모임'이라고 해요. 입주민들 간의 취
미, 관심사 같은 교집합을 찾아 소모
임으로 풀어내는 일을 합니다. 모임

을 만든 사람은 '모이머', 모임에 참여하는 사람을 '모이미'라고 불러요. 지금
까지 릴레이 소모임(자기소개 보드꾸미기, 동네산책&출사), 영화 소모임인 영화
벙, 삼겹살 더덕구이 파티 등을 진행했어요. 저희 팀은 포스터를 만들어 홍보
하는 등 전반적으로 지원하고 있습니다.

　장안생활에는 정말 다양한 커뮤니티가 있었다. 무언가를 함께 하고 싶을 때
같이 할 수 있는 사람들이 있고, 그 모임을 도와주는 사람들이 있다고 생각하
는 것만으로도 삶이 풍요로워지는 듯하다.

Q. 장안생활과 지역사회가 연결될 수 있는 콘텐츠는 무엇이 있나요?

김: 1층 카페, 2층 서점, 8층 바(bar)는 지역주민도 이용할 수 있습니다. 다채로
운 1층, 2층, 8층을 아우르는 브랜드를 '생활회관'이라고 이름 붙였는데, 마을
과 공동체 그리고 지역주민이 누구나 쉽게 찾아올 수 있는 분위기를 나타내
고 싶었어요. 그리고 특히 8층에 자리한 바 '사이에 섬'을 홍보하고 싶은데요.
사이에 섬이라는 이름은 정현종 시의 〈섬〉에서 영감을 받아 작명했어요. "사

람들 사이에 섬이 있다. 그 섬에 가고 싶다." 섬
처럼 덩그러니 있는 8층 옥상이 동네에서 그 섬
이 되기를 바라는 마음에서 지었습니다. 70종류
의 다양한 칵테일과 논알코올 칵테일, 맥주, 위
스키, 브랜디 그리고 간단한 안주가 구비되어
있습니다.

bar '사이에 섬'(출처:인스타그램 @saie.island)

인터뷰를 마치고 생각해보니 장안생활은 불
안정한 부동산 시장의 대안일 뿐만이 아니라 관
계 맺기가 어려워지는 현대의 대안이기도 한 것 같다. 함께 생활하며 갈등을
해결하는 과정에서 더 나은 공동체가 되기 위해 노력하는 장안생활의 모습은
우리 사회가 풀어야 할 중요한 실천 과제를 보여준다. 혼자 살아가는 세상이
아닌, 더불어 살아가는 삶이라는 것을 인지하고 실천하는 장안생활의 모습은
공동체성을 지향하는 사회주택이 우리에게 던지는 메시지가 아닐 듯싶다.

'삶'은 '사람'의 준말입니다. 우리의 삶은 사람과의 만남입니다. 우리가 일생
동안 경영하는 일의 70퍼센트가 사람과의 일입니다. 좋은 사람을 만나고 스
스로 좋은 사람이 되는 것이 나의 삶과 우리의 삶을 아름답게 만들어가는 일
입니다. - 故 신영복

미주

1. 한민족문화대백화사전(http://encykorea.aks.ac.kr), 〈경춘철도주식회사〉

2. 위와 같은 자료

3. 한민족문화대백화사전(http://encykorea.aks.ac.kr), 〈서울경동시장〉

4. 나무위키(www.namu.wiki) 〈제기동역〉

5. '노인들의 홍대', 1호선 제기동역을 가다(2015.12.07.), 주간조선.
    '노인들이 홍대' 제기동에서 물었다 "졸혼 어때요"(2019.05.25.), 국민일보

6. 역사문제연구소(http://www.kistory.or.kr)

7. 서울한방진흥센터(http://kmedi.ddm.go.kr)

8. 2019년 3/4분기 서울특별시 주민등록인구통계(2019년 9월 30일 기준) 통계자료, 서울특별시

9. 경희대는 왜 신흥무관학교 흔적과 뿌리를 없앴을까(2016.06.03.), 한겨레신문

10. 한국민족문화대백과사전(http://encykorea.aks.ac.kr)

11. 경희대 후마니타스칼리지, 강의 구조조정… '인문학 실험'좌초하나(2019.01.08.), 한겨레신문

12. 회계학 이수해야 졸업? "두산, 대학이 뭔지 몰라"(2011.03.19.), 오마이뉴스

13. https://37start.tistory.com/6040

14. 수천 명이 되살린 '토스트 할머니' 노점상(2012.04.18.), 머니투데이

15. 한국민족문화대백과사전(http://encykorea.aks.ac.kr)

16. 址(지)는 '터'라는 뜻을 가진 한자이다.

17. 한국민족문화대백과사전(http://encykorea.aks.ac.kr)에서 '이문' 검색결과에서 일부 인용

18. 동대문문화원(http://dongdaemun.kccf.or.kr)

19. '43년 만에 열린 천장산' (2005년 4월 26일자 SBS뉴스) (https://news.sbs.co.kr/news/endPage.do?news_id=N0311746569)

20. 서울의 연탄공장 '삼천리이앤이'에 가보니…(2012.11.19.), 농민신문

21. 삼천리이앤이 연탄공장 배달원(2015.01.15.), 경기일보

22. 당시 전농여중 학생들은 당시 해성여중, 여상 입구 길을 함께 이용했으나, 바로 옆 전농중 남학생들은 거의 예외 없이 다른 길을 이용했다. 지금 전농중은 남녀공학이 되었다. 그리고 인문계고인 해성여고가 2008년 3월 1일 개교되면서, 해성여중은 2010년 2월 28일 폐교되었다.

23. '한 동네, 두 이름'…헷갈리는 행정동 · 법정동(2018.05.22.), 연합뉴스

24. 동대문문화원/역사(http://dongdaemun.kccf.or.kr/home/main/history.php)

25. 위키백과사전(https://ko.wikipedia.org), 〈신설동〉 검색

26. 동대문문화원/역사(http://dongdaemun.kccf.or.kr/home/main/history.php)

27. 동대문문화재단(http://dfac1.co.kr/bbs/board.php?bo_table=area&wr_id=6)

28. 《2012 서울생활문화자료조사, 청량리 – 일탈과 일상》, 서울역사박물관(2012.12, 비매품), 450p.

29. 신설2구역(신설동89번지 일대) 행위제한 해제(2012.05.23.), 도시개발신문

30. '용의 머리'마을이 주꾸미 동네로 변한 황당한 사연(2019.03.14.), 중앙일보

31. 청계고가도로 성동구 마장동에서 남산 1호 터널을 잇는 도로, 사진 「평화시장과 청계고가도로」, 서울역사아카이브

32. 청백리[淸白吏]: 조선시대 선정을 위해 청렴결백한 관리를 양성하고 장려할 목적으로 실시한 관리 표창제도, 또는 염근리(廉謹吏: 청렴하고 근면한 관리)와 청백리에 선정된 사람(한국민족문화대백과)

33. 1950, 1960년대 청계천변의 판자촌, 서울역사아카이브

34. 중인(中人) 조선시대에 양반(兩班)과 양인(良人)의 중간신분계급층, 한국민족문화대백과사전

35. 가산(假山) 또는 조산(造山)은 산 모양으로 쌓아 놓은 정원의 조경물, 또는 인공적으로 흙을 쌓아 이룬 산을 의미한다, 위키백과

36. 자자형(刺字刑), 경면형: 죄인의 얼굴이나 팔에 죄명을 문신하는 형벌, 한국민족문화대백과사전

37. 나무위키(https://namu.wiki/w/) 〈이문 · 휘경뉴타운〉

38. 나무위키(https://namu.wiki/w/) 〈전농답십리뉴타운〉

39. 《왕십리, 공간 · 경제 · 문화》, 서울역사박물관(2009.12), 16p.

40. 위와 같은 자료

41. 《왕십리, 공간 · 경제 · 문화》, 서울역사박물관(2009.12), 18p.

42. 《왕십리, 공간 · 경제 · 문화》, 서울역사박물관(2009.12), 45p.

43. 서울시 철거민 이주 정착단지 조성을 위한 일단의 주택지 조성사업 시설 결정(1972.08.23.) (http://opengov.seoul.go.kr/seoul/1201643)

44. 경향신문 1968년 10월 21일 자 재인용 (https://blog.daum.net/615unification/8326993)

45. "곧 사라질 동네인데, 뭐할라고 사진찍나"(2008.03.23.), 오마이뉴스

46. 제2의 봉준호 탄생, 동대문구가 키워준다(2020.08.05.), CBS노컷뉴스

47. 아히 [아해]: '아이'의 옛말.

48. https://www.youtube.com/channel/UCcn2SkI35pKeSirYjh97GTg

49. 대한민국 구석구석(https://korean.visitkorea.or.kr/detail/ms_detail.do?cotid=9a559f22-2683-4bf9-b99e-2ede53d68650&big_category=A02&mid_category=A0203&big_area=1)

50. 미주상가 이어 경남호텔까지… 미래에셋, 부동산 금융 해결사(2020.10.05.), 서울경제

51. 장안평 일대 국내 최대 업사이클 타운 조성합니다. 서울특별시(2018.11.30.)(https://news.seoul.go.kr/citybuild/archives/223586)

52. 마장동 – 수도권 최대의 축산물 단일시장, 서울역사박물관(2013.12), 30p.

53. 동대문문화원(http://dongdaemun.kccf.or.kr/) 〈장안동〉

54. 기획 · 상생서울, 자동차의 A부터 Z까지! 장한평, 서울특별시 서울사랑 2019년 4월호(https://love.seoul.go.kr/asp/articleView.asp?intSeq=6513)

55. 장한평 중고차매매센터 재개발 수혜 기대(2021.06.18.), 중앙일보

56. 동대문 문화재단(http://dfac1.co.kr/bbs/board.php?bo_table=area&wr_id=10), 장안동 역사이야기

57. 《훈련원과 하도감》, 2018 동대문역사관 기획전, 서울역사박물관 한양도성연구소 (2018.08), 14p.

58. 《훈련원과 하도감》, 2018 동대문역사관 기획전, 서울역사박물관 한양도성연구소 (2018.08), 48p.

59. 인트러스투자운용, 장안동 쇼핑몰 매입(2021.06.08.), 한국경제

60. 서울특별시 사회주택종합지원센터 홈페이지(https://soco.seoul.go.kr/sohousingIntro.do)

당신은
어떤 동네에
살고
있습니까

당신은
어떤 동네에
살고
있습니까

초판 1쇄 인쇄 | 2021년 12월 20일
초판 1쇄 발행 | 2021년 12월 28일

지은이 | 시민나루
펴낸이 | 전준석
펴낸곳 | 시크릿하우스
주소 | 서울특별시 마포구 독막로3길 51, 402호
대표전화 | 02-6339-0117
팩스 | 02-304-9122
이메일 | secret@jstone.biz
블로그 | blog.naver.com/jstone2018
페이스북 | @secrethouse2018
인스타그램 | @secrethouse_book
출판등록 | 2018년 10월 1일 제2019-000001호

ISBN 979-11-90259-95-8 03900